認識心理諮商的第一本書

諮商80問

邱珍琬 著

序

出版社要我就諮商寫一本入門書，介紹給普羅大眾諮商的意義、服務內容與如何使用諮商，我非常樂意，這也是我十多年前返國就職最重要的使命。諮商在許多前輩與同業的努力下，已經開始在台灣開花結果，不僅有更多的人知道諮商是一種助人專業，也開始信任與使用這項服務，更有許多有志於助人專業的後進投身諮商工作，我樂見這些情況的發生，當然也聯想到自己回台這麼多年來，對於當時的初衷有沒有盡到自己的一份力？老實說，我只是很認眞做一個研究、教學與社區服務者，雖然也努力在不同教育與演說場合爲諮商正名，但是成效不彰，可能也基於身處地域廣闊的南台灣，了解許多民眾的需求、卻心有餘而力不足！

我們系所在三年前曾經非常大膽地成立了一個「社區諮商中心」，也接了一些相關的推廣演說、個人或團體諮商與電話諮詢的工作，還是不敷民眾的需要，我們最覺難過的是：屏東幅員狹長，城鄉差距極大，我們眞正可以供輸的協助非常有限，有時候某個單位需要諮商師到現場協助，但是我們並不一定可以達成。此外，由於社區諮商中心既然是系底下的一個單位，就必須負起「業績」與「被評鑑」的責任，當時僅以一位行政助理、系所若干老師的投入下，成效不如我們預期，但是我們系裡團隊對於所謂的諮商服務「在地化」仍然覺得「有責在身」，只是我們會慢慢從長計議了。

每一項專業都要讓大眾知道他們的正確期待爲何，藉由這一本書的問世，我希望可以讓一般大眾更清楚諮商的專業與性質，也讓諮商眞正可以將協助傳輸到位，同時爲全民的身心健康貢獻一點力量。

目錄 *Contents*

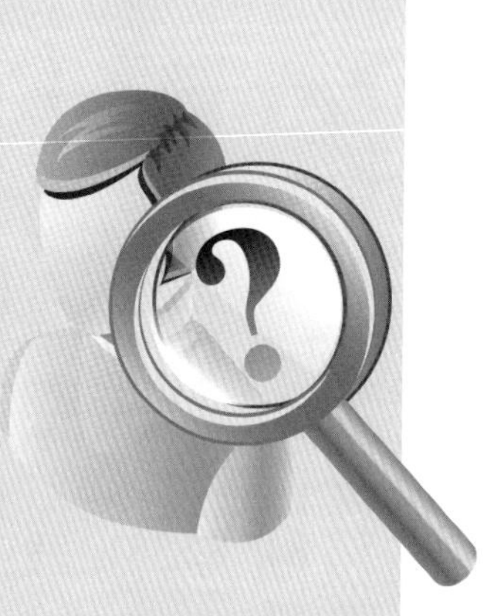

PART 1

諮商是什麼?

—諮商停・看・聽

不同的助人專業

諮商是二十世紀初才浮現的行業，屬於「專業助人工作」的一環，基本上所謂的「助人專業」是經過長期系統化的助人專業訓練之後，取得基本認證資格的專業人員，基於專業倫理原則、提供預防心理健康問題或更嚴重之服務；簡而言之，就是受過專業訓練之諮商師運用其專業知能，與當事人以面對面方式，依據當事人的需求，協助其自我了解與統整、價值釐清、認識與適應環境、以及紓緩或解決問題，引導與協助當事人獲得充分發展（張春興，1989, p.164）。諮商的根源有許多，像是人類學、教育學、倫理學、歷史、法律、醫學、哲學、心理學與社會學，因此它是一門「跨領域」的科學（Smith, 2001, p.570）。助人專業可以含括不同專業領域的人員，像是醫師、諮商師、社工與輔導人員，其目的是協助在生活上或是心理上有困擾的一般民眾，只是每一個專業所負責的項目不同，可從下表看出：

名稱／學位	功　能
精神科醫師psychiatrists（醫學學位）	可診斷與開藥（或做心理治療）
心理學家psychologists（擁有心理學博士學位）	有生物學基礎，可做催眠但不可開藥。
諮商師教育者counselor educators（有哲學或諮商師教育博士學位）	訓練諮商師（通常在大學任教）
諮商師counselors（擁有諮商或心理學相關碩士學位）	擔任治療工作
臨床心理師clinical psychologists（擁有心理學相關碩士學位）	擔任評鑑、診斷或治療工作（通常在醫療院所）
社工social workers（大學社工相關科系畢業）	擔任第一線的救助工作
輔導老師guidance teachers or guidance counselors（大學相關系所畢業或修過輔導學分，擁有教師證）	擔任教育場所（通常是國高中）的預防、宣導與諮商工作
準專業人員para-professionals（受過義工訓練）	擔任協助或轉介工作

也曾有民眾認爲諮商師跟心理醫生一樣，就是談完話，然後開藥治療，現在由上表可以較清楚諮商師的專業與功能爲何了。助人專業基本上可以提供三種類型之服務，第一類爲「初級預防」（primary prevention）（目的是全面性提升心理健康與預防疾病），通常學校教育與輔導人員負責的就是這一區塊，在事情未出現之前就先做預防與宣導（像是養成健康習慣、了解青春期的身心發展、認識霸凌與因應之道等）；第二類是「次級預防」（secondary prevention）（主要是協助已有輕度健康問題與困擾者減少問題或疾病所產生的症狀或影響，也協助調節心理健康與控制心理疾病），諮商師可以與其他助人專業負責這個區塊，在徵狀或是問題初起時就採取行動，以免問題更趨嚴重（像是了解常請假者，避免成爲中輟生；協助學習落後者，以免其對學習喪失興趣）；與第三類的「三級預防」（tertiary prevention）（處理有嚴重心理健康問題與疾病的當事人，以免問題或疾病成爲其終身之威脅），諮商師提供服務與精神醫生開立處方，都屬於此類，有些精神醫生或心理師還會擔任人格重整的工作（像是針對診斷爲憂鬱症者或是家庭爲高危險群者進行治療與必要協助）（Srebalus & Brown, 2006, pp.3-4）。在助人領域

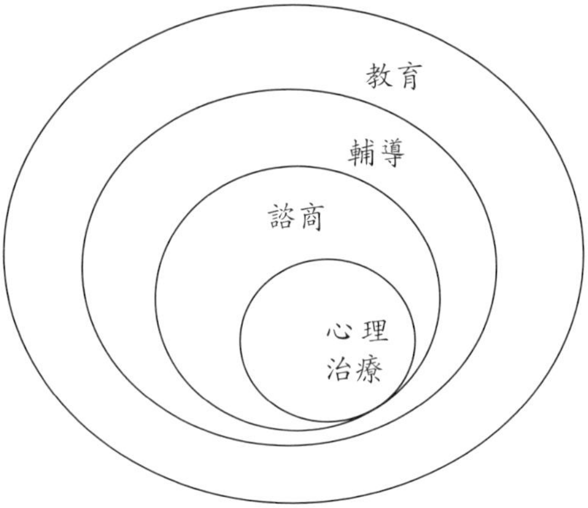

圖一：教育、輔導、諮商、心理治療

裡除了彼此不同專業的合作之外，還需要準專業人員（paraprofessionals）的協助，像是一般的義（志）工，因爲這些人雖然沒有經過一套系統化的訓練，卻可以直接接觸到需要協助的人，且爲數最多，因此這些準專業人員可以先做初步處理，然後轉介給後面提供支持的專業人員接手。

一般人比較不清楚「教育」、「輔導」、「諮商」與「心理治療」的區別，容我以上圖表示（圖一），每一環之功能如下：

教育——範圍最廣，教學與預防。

輔導——含括在教育範圍內，主要是指導

與輔導，也做少量的諮商工作。在國中小是輔導老師的工作，唯國小通常較少輔導專業人員；國中教師則有相關科系畢業者，但是較少有諮商師執照者，因其工作主要是教學第一及預防與心理衛生推廣；高中輔導室的編制較為完善，公立學校幾乎都是諮商相關科系碩士畢業者，有些擁有諮商師執照，私立學校編制就沒有這麼完善，然而公立學校輔導教師負責的行政事務較多，諮商實務相對較少。

諮商——學校內輔導老師不能勝任時，可以經由轉介動作，將需要協助的當事人轉介到有專業執照的諮商或臨床心理師那裡，進行進一步的治療。諮商師是碩士以上學位，經過相關助人專業的系統訓練、並取得高特考諮商（心理）師證照。臨床心理師通常是在醫療院所內設置，主要是擔任評估、診斷病人的功能，有時也在醫院內做諮商與治療。

心理治療——經過診斷為心理疾患、且其症狀較為嚴重（如精神分裂、多重人格違常），在藥物治療的同時，需要做更深度的治療（包括人格重整），有住院治療（較為嚴重者）或門診治療兩者。

有許多剛進諮商領域學習的準諮商師以為只要有耐心傾聽、善於說話等特質就可以當諮商員，沒有料到諮商師的訓練是非常有系統規劃、嚴謹且緊湊的，所需要的不僅是耐心、會說話而已。

我國目前的諮商服務情況

國內目前針對學校方面，每縣市設有「學校諮商中心」或是「心理衛生中心」，裡面主要是接收管轄校區的個案（如性侵、家暴、中輟生、心理疾患等），有照的諮商師會到所需學校進行特殊個案的諮商（或團體諮商），只是因為人員不足，可能一個月只能去某校一次，不敷所需，因此通常會委外，由有照的「行動諮商師」（就是不專屬於某機構編制內人員，而以接案為目標的「自由諮商師」〔free lance counselor〕）來接手，有時候若是個案情況較嚴重，也同時需要精神醫生與諮商師共同合作（像是憂鬱症患者，在接受精神醫師開藥治療的同時，情況穩定之後，需要同時接受諮商，眞正的問題才能獲得解決）。國內目前高中以上有較爲專業的諮商師或輔導老師任職，因此基本上學生與教師都可以得到合乎水準的照顧，只是高中、職的輔導老師要擔任較多的輔導行政，眞正做諮商工作的時數很少；大學院校內的學生輔導（或諮商）中心，雖然有編制內的諮商師駐校，但是人數顯然不足，不足以因應眞正的需求，因此許多大專院校會聘請兼職的諮商師來補足。有些大學院校內設有社區諮商中心，或是也開放給社區民眾使用，但是爲數不多。

雖然有些縣市可能有「家庭（社區）諮商中心」或是私營的「諮商中心」，但是前者主要還是接一些政府機構的案件（如家暴案），一般的民眾需要付費才可以得到照顧（台北、高雄都會區每一小時諮商收費在一千至五千不等，其他地區價格可能在一千二至一千五之譜），這就造成一個很奇怪的現象：也就是只有經濟情況較佳者，才可以得到照顧，但是一般的弱勢族群（像是身障、罹患心理疾病者、或是遭遇重大失落者），其本身就已經是弱勢，倘若加上經濟因素、不能夠取得助人專業的協助，只會讓其景況更爲弱勢！我們目前是針對一些「受害者」做免費治療或諮商，但是一般民眾尋求諮商的管道還不普及，費用是主因，而各縣市所能提供的諮商服務機構也參差不齊，民眾沒有資源或是管道的相關訊息也是原因之一。

許多醫院內也設有心理師與諮商師，但是因爲是健保給付編制內，因此「求」過於「供」，要排上諮商門診可能耗時甚久，緩不濟急。台北松德院所（前身爲台北市立療養院）目前有類似健保的付費服務（大概一次掛號費二百九十元），但是據其創辦人蔡榮裕醫師說：目前是虧損狀態，只是不知道還可以用這樣的「平價服務」多久！有人曾經思考過以健保來給付，就像是美國的醫療制度一樣（在德州，經濟上的弱勢除了有醫療的優惠，還可以每年有三十次的免費諮商，由州政府給付），但是這可能讓健保虧損更大！站在心理衛生專業的立場，我當然贊成將諮商或心理治療納入正式的健保系統內，因爲倘若「身體」病痛或是失能的同時，心理與心靈的需求也需要關照到，這才符合我們「全人健康」的宗旨，只是目前因爲經費等考量，未能提供完整的服務，因此我也希望有更多人可以了解諮商這一項助人專業服務的同時，可以以「負擔得起」的價格享受到優質的服務。

諮商師訓練過程

我國的諮商師教育通常平均需要花費四年時間培養一位諮商師。這些「諮商師受訓者」（counselor-in-training）在前兩年主要是接受系統的課程訓練（內容包括人類發展、諮商理論、諮商技術與實務、團體諮商、心理測驗與評鑑、人格或社會心理學、生涯發展、專業倫理、團體諮商與實務、及不同取向諮商學派與實務）；自第一年下學期開始，學生會開始到社區或學校做「諮商在校實習」（每週可能是四個小時），也就是到相關機構做義工服務，而該機構有合格諮商師擔任「駐地督導」，可以隨時掌握學生實習的情況，並予以專業指導；碩二開始就眞正進入「諮商專業實習」，學生到學校或社區機構進行每週半日的實習，當然也有駐地督導（on-site supervisors）在旁協助，實習的成分較爲扎實；碩三一整年，學生正式進入機構做「全職實習」（比照一般上班族），通常碩班第四年，學生會花時間完成他們的碩士論文，口試通過後正式畢業，這才取得諮商師證照考試的資格，接著通過衛生署的諮商師高考，才會取得諮商師證照與執業證照而開始執業。

目前我國有二十八個學校系所在培育「準諮商師」（尚未考取證照者），只是各校的師資與課程或有不同，著重點也各異，因此衛生署在不久的將來可能仿照美國的諮商師制度，會以正式評估標準（如CACREP, the Council for Accreditation of Counseling and Related Educational Programs 或CORE, the Council on Rehabilitation Education）來決定各諮商師課程的水準，屆時也可能會淘汰一些較不標準的課程或系所，這對需要諮商服務的普羅大眾而言是很好的把關機制。

總而言之，諮商師的訓練著重「人類發展」與「教育」兩個區塊，訓練課程中有理論與技術基礎，最重要的是更重視臨床技術與做專業倫理決定的過程，這是有別於其他助人專業（如社工或心理師）的部分（Sweeney, 2001）。此外，諮商師本身是協助與促進當事人身心靈全人健康與福祉，因此其本身的素質與健康就非常重要，所以諮商師的自我覺察與自我療癒也是訓練過程中的要項，因為諮商師是與當事人直接交會，我們的人格品質與經驗都會直接反映在與當事人的關係與工作上，我們相信「只有健康的治療師，才有資格去協助困阨中的當事人」。

合格執業的諮商師

目前諮商師如同醫事人員與教師，一樣都需要在執業期間（也就是執照有效的六年）拿到繼續教育的積分（至少一八〇點以上，其中包括專業倫理與法律積分十二點以上，才能滿足規定），也就是將諮商視為與時並進、需要持續訓練的行業，因為諮商面對的是社會大眾的心理健康，有時足以救命，當然相對地也可能會帶來傷害，雖然諮商不像醫療那樣採取「直接介入」病人的方式處理，但是諮商著重身心靈一體，當事人的福祉是最高指導原則，不可輕忽！因此，諮商師的繼續教育可以讓諮商師持續有專業上的成長，而直接受惠的是當事人。

考取證照的諮商師固然已經如同一般的醫事人員，可以正式「執業」，但是是否就可以「獨立營生」？還是要看諮商師是否有能力在助人專業的市場上維持其優勢而定。目前受過專業訓練的諮商師主要是在大學院校、高中、學校心理或社區諮商中心工作，也有不少是獨立作業的「行動諮商師」，當然也有成立私人診所執業的諮商師，私人診所主要以北部居多，這也是因應市場的需求。

一般剛出道的諮商師需要一段時間的臨床經驗與成熟，還不能單獨執業，畢竟目前我國台灣地區的社會氛圍對於諮商還是不太了解，更遑論要民眾去向「陌生專家」求助！當然經過最近十多年來的宣導與專業地位的建立，都會地區的民眾對於諮商這一行有較清楚的認識，也會進一步使用這些專業服務，然而要自己獨自成立一個診所或是工作室不是簡單的一件事，甚至有時候審查的衛生單位對諮商不了解，完全要按照一般醫療診所的規範要求，所以，光是成立診所或工作室都要與相關醫療與建設單位斡旋很久！所以，不少諮商師就採取「合資」開設聯合診所，或是成爲「有案就接」的「行動諮商師」，大部分的諮商師還是會去一些公私立機構（如學校或是社福單位）任職或兼差，少了許多自負盈虧的責任。

然而，每位諮商師所受的訓練課程與內容、諮商師本身的生命與臨床實務經驗，以及對諮商工作的動機與熱忱，也是諮商師熟成的重要因素，即便諮商師在受訓練過程中已經有（超）過一整年的實務經驗，直接與當事人或其家庭接觸，但是資深諮商師並不一定就是「好」諮商師，因爲「好」諮商師的確需要時間與經驗的磨練和累積，這其中包含了諮商師本身是否主動在專業與個人議題上持續進修與成長有關，光是被動地去參加一些「必要」的研習，其進步還是有限。專業的諮商師不僅會持續做進修（不只是衛生署規定的最低繼續教育時數而已），還會藉由同儕討論（或督導）、請教督導、諮詢相關專業人員、閱讀與參加專業工作坊或訓練課程，以及做研究發表等方式，讓自己的配備與能力更上一層樓。

有些諮商師會取得相關專業證照（如依照使用媒材不同的遊戲治療、心理劇、藝術治療、或身體律動治療；或是按照訓練取向而異的精神分析、人本中心治療、認知行爲治療、現實治療、焦點解決治療、敘事治療、或家族治療等；或是因爲不同問題的上癮治療【如酗酒、吸毒、賭博、性、或網路上癮】；不同服務族群的青少年諮商、配偶諮商、同志諮商、老年諮商等），在其執業場所都會懸掛這些證照，或是在網路上會做說明，讓當事人可以更清楚諮商師的訓練背景與專長，就更容易找到自己所需要的諮商師。

諮商師的進修與專長

一般諮商師除了完成基本的碩士課程訓練、取得證照之外，還會針對自己有興趣的議題（如上癮行爲【包括賭博、酗酒、藥物濫用、性、網路等】、青少年犯罪或偏差行爲、精神分裂患者、憂鬱或情緒困擾等）、想要服務的族群（如兒童、青少年、身障者、女性、男性、家庭、配偶、性傾向少數或弱勢族群等）、受吸引的諮商取向（如人本、現實、認知行爲、完形、焦點或敘事、家庭星座排列、心理劇、遊戲或藝術治療等）或是催眠技術等，進一步做進修與學習，取得可信賴的證照。當事人若想知道諮商師的專業與能力，通常在該機構顯眼處會看到諮商師所獲得的正式認證執照，或是在網站上看到介紹；也因此，當事人去尋求諮商服務時，可以依據自己的需要去挑選想要的諮商師。不過需要注意的是：目前我國的諮商服務不像美國或歐洲那麼發達，因此許多的證照都尚未獲得諮商學會的認可，或是本國仍缺少這樣的認證機制，也提醒潛在的當事人要格外小心。

什麼時候需要諮商？

諮商服務是心理衛生的一環，其所關注的是一般人在日常生活中所遭遇的困擾或問題，也做一些心理疾病或嚴重困擾的處置（通常需要與精神醫師合作），因爲國內一般的精神科醫師較少做心理治療（在國外療費也較高），因此就由其他的心理衛生專業人員接手。

每個人在生活當中都會遭遇一些困擾或問題，有時候可以靠自己的力量去解決，有時候自己能力不夠就必須求助，偶而我們會因爲自己思考或是能力的限制，解決問題的結果不如預期或不滿意，需要從他人那裡獲得新的點子或是解決之道，通常找朋友或家人商量也可以有不錯的處理，然而有些議題可能家人與朋友頂多也只能聽聽、卻拿不出好辦法，此時就可以尋求一些專業的協助。像是與家人關係不佳、或是有些家裡的事情困擾自己很久了，家人不願意談或是不便與家人談論，找朋友也可能無法得到建設性的意見，此時不妨試試諮商服務。

有時候是經過身心科醫師診斷有情緒方面的困擾（如憂鬱症、躁鬱症、焦慮、恐慌、過動或其他），在服用藥物控制病情的同時，也可以利用諮商服務，讓眞正問題獲得舒緩或解決。像是一般人對於「憂鬱症」有誤解，以爲遵照醫師指示服藥就可以，但是藥物只是控制生理上的狀況，而造成憂鬱症的問題還是沒有解決，因此最好在服藥情況穩定之後，同時也接受一些心理專業的協助，雙管齊下會讓病情更迅速地復元。曾經有一位同事提到自己一直監控某位憂鬱症學生按時服藥，但是學生最後還是選擇自殺，他不僅痛心且大惑不解！我於是告訴他：「憂鬱症通常是心理上有困擾而反映在身體的癥狀上，因此治本之道還是同時要做諮商。」

又如家暴受害者或加害者，不是走完法律途徑就結束，受害者本身的身心創傷還是需要照護與療癒，此時諮商的介入就很必要；而加害者有些觀念的扭曲或是對於問題處理手段的錯誤，也需要再教育，以免又危害更多的人，這也可以運用諮商的協助來達成；倘若受害與加害者仍要回到這個家庭，那麼如何讓暴力事件不再發生？要如何營造較為滿意的生活？也可以尋求諮商協助。

有些過動兒，可能合併有其他的症狀（如行為違常或是妥瑞氏症），造成當事人在生活、學習與人際等多方面的不適應，此時若能配合諮商或是心理治療，可以讓其徵狀緩解，甚至讓重要他人可以更清楚該如何協助當事人，讓當事人可以回歸正常生活與社會。絕大部分罹患心理疾病的當事人，經過適當的藥物與協助，幾乎都可以適應生活，不應該被屏除在正常社會之外。

很多情況下，當我們身體不適或是心裡有事，也會引起負面情緒，長久下來影響我們的生活功能或品質，因此在看完醫師、服藥的同時，也可以找諮商師傾吐一下，將核心的問題做一些建設性地處理，才是治本之方。或者有時候，發現自己與人相處的情況不良、或是總是找錯了交往對象，想要聽聽其他人的意見，或是了解自己為何總是犯同樣的錯誤，此時諮商服務可能是最好的選擇；甚至有些的疾病（如焦慮症、自傷）其根源可能在心理層面，只是靠醫藥做徵狀上的控制還是不足，因此同時需要與諮商師對談、進行治療，才可能有更好的預後效果。最重要的一點是：潛在當事人主動去尋求諮商服務，其效果最佳。就像是我們說：諮商像是伸手出去，但是若當事人不願意伸手握住，其效果自然有限！

國人尋求諮商的阻礙

諮商助人專業在國內風行的時間有十多年，主要是因爲許多在國外養成的諮商師教育者開始整頓國內的諮商輔導系所，甚至爲之正式正名，將在國外受過的訓練與課程介紹到國內來，也成立諮商與心理學會，同時促使心理師／諮商師法的成立，讓諮商師的培育有制度可循。只是國人對於諮商的使用還是有一些疑慮，主要是因爲：

一、凡事都在家族內解決

我國人一來是因爲宗／家族意識濃厚，喜歡將事務在自家內解決（如以往的家族長輩出面調和紛爭、或是開宗族會議），認爲向外求助有失顏面，只是認爲沒面子還好，怕的是進一步壓抑或是壓制問題，造成受害者更重創或是受害時間更長！不願意向外求援、保留自己的自尊是可以理解的，然而後來我們都要做一些判斷：到底是面子重要、還是把病治好或問題處理好重要？一個人生病，可能造成社會生產力減弱、家庭收入減少、家人壓力重大，也造成個人生活品質的降低，因此民眾不要輕忽心理疾病或是困擾的影響力，助人專業也是爲了民眾的身心健康在努力。

二、沒有病識感

有些人不太理解自己的情況已經很嚴重，需要做進一步的治療，像是有人情緒不佳已經超過幾個禮拜，不僅在工作上效能降低，甚至缺曠，不喜歡以前喜歡的活動，甚至自我孤立，睡眠（少睡或睡過多）與飲食（少吃或吃太多）變化甚大，基本上已經達到「憂鬱症」的診斷標準，需要趕快介入處理，要不然若其本身還有輕生念頭，危險性就更大！但是由於當事人本身不知道、加上家人或朋友也只是抱怨他/她最近「怪怪的」

或是「很不合作」，因此就可能忽略了就醫的急迫性。又或者，家人或朋友帶他/她去醫院看診、拿藥，以爲只要看過醫生、吃藥就沒事，卻沒有想到讓當事人今天出現這樣癥狀的可能原因，因此即便當事人身體狀況好些了，可能下一刻就自戕結束了生命，親友都很錯愕、還在狀況外！專業的身心科醫師會聯想到當事人的一些危險情況（像是曾有自殺企圖、罹患慢性疾病、最近有失落經驗、或是偶像或喜愛的人過世等），就可以要求住院治療、或是轉介當事人去見諮商師；而一般的民眾，如果對於憂鬱症有些了解，也會讓當事人找一位諮商師好好談談。

日前有位民眾打電話告訴警察他要自殺，但是警察的反應卻是「不要理他、不甩他」，可見得這位警察人員是完全不知道有自殺企圖者的心境！想要自殺的人，有時候在做出最後的決定之前，還是會有求助動作，而接獲報案的警察竟然如此輕忽，萬一這位民眾自殺成功，家人也許可以索求賠償，因爲是警察怠忽職責！簡而言之，一般民眾對於許多心理疾病或是情緒障礙的情況需要多多教育，在發現不對時要有「病識感」，這樣才可能有進一步的救援或是處理行動。

此外，比較麻煩的是「不認爲自己需要治療」的當事人，像是政府或是獄政機構會讓一些已經在服刑的犯罪者、煙毒勒戒者、虞犯（有犯罪危險性的人）、或是家暴加害與受害者強迫治療，但是其中有許多人可能只是爲了要保釋出獄、或是解除法律的枷鎖，表面上與諮商師合作，但是內心卻有極大的抗拒（主要是他們不認爲自己錯了，只是「倒楣」被抓而已），甚至是恨意（如家暴加害者認爲是法律介入他的家庭、或者受害者多嘴），因此在治療上就需要發揮更多的力量，這些頑固不羈的人還是有可能會改變，只是需要的時間較長、投入資源較多而已！當然也有天生的罪犯，從來不會爲自己傷人而道歉或後悔，但是民主法治社會都願意給這些人機會，重新回頭對社會做些正面的貢獻。曾有美國諮商師十多位，爲了讓八位在青少年時期就犯下重大罪行（如弒親）的人，在聽到別人談起自己所犯下這種恐怖血腥的謀殺案件時，可以有一些「正常情緒」的表現（如害怕、哭泣、悔恨），足足花了一年多的時間，這些在服刑中的青少年終於可以在敘述自己的犯行時會害怕哭泣，而螢幕上最後出現一行字「而治療才要開始」！可見治療工作不容易，但是還是會有進展，這也是助人專業持續努力不懈的主要原因。

三、不知道諮商的資源

許多民眾不太清楚所謂的「諮商」爲何？也不太了解目前社會上有哪些助人資源可以運用？但是也有另一批人太懂得如何運用這些資源，反而造成了資源的浪費（像是酒醉卻占住「生命線」的人），這是兩個極端。都會區或是助人訊息較普遍的地區，其民眾也較清楚，當然也就知道怎麼利用。反之，許多偏遠地區或是不了解有這些資訊的地區人民，則對助人資訊較不清楚，更遑論懂得去運用！政府單位若是能夠加強這方面的資訊傳輸，也要加上新聞從業人員願意去了解助人專業，其普及程度就可以預期！另外有些專業人員（如醫師、社工）有時候也不清楚是否需要轉介當事人去見諮商師，這也顯見國內專業助人團隊的聯繫與合作仍有待加強。

四、知道有資源，但是無法取得或接近

有些民眾住家太遠，加上網路不發達，即使需要援助，卻因爲交通或費用之故，無法獲得需要的協助，或是獲得協助，但又因其他理由中斷，這也表示我們的助人資源布點不足，或是沒有到位（到眞正需要的人手中）。

五、國人對於求助較為被動

常常是在事情或是問題已經日積月累、嚴重到自己無法負荷了，才試圖去求助，此時不僅處理起來較爲繁複，需時較長，可能效果也不如預期。

六、對諮商的誤解

一般民眾或許不了解諮商，也可能認爲諮商與醫生一樣，可以開藥或是讓當事人立即痊癒，但是諮商師一則未受過醫學訓練，不能開藥，二則其與醫生一樣不可能讓當事人立刻痊癒，但是可以減緩當事人的痛苦，以及慢慢走向痊癒之路。我之前碰到不少尋求諮商的當事人，他們常常誤以爲只要跟我談過話就可以痊癒，我會聲明自己沒有這樣的奇蹟能力，但是如果他／她願意相信我，我們可以見幾次面，然後看看效果如何？然而也並不是每個當事人都可以了解或認同我的解釋，有人甚至會問道：「妳不是醫生（博士）嗎？爲什麼不能？」也許在英文裡「doctor」有兩種意義——「醫生」與「博士」，我不是前者。也有當事人（如父母、老師或情侶）一來就要求諮商師去改變他人（如孩子、學生或配偶），諮商師基本上不能做這樣的承諾，因爲諮商師只能針對求助的「當事人」進行治療，若當事人希望某人獲得改變，最好將那個人帶來諮商室，這樣才可以做處理。然而，諮商師在上述的案例中也可以擔任「諮詢」或「顧問」的角色，針對當事人想要改變的對象進行問題評估與行動計畫，但是執行改變動作的還是當事人本身。

國內的輔導諮商人才現況與挑戰

雖然我國在各級學校都已經設立輔導室，但是國小輔導老師是最缺乏專業訓練的，通常都是非本科系畢業的學生，加上國小老師都是「包班制」居多，課業壓力重，擔任輔導工作也只減免幾堂課，幾乎沒有太多時間與心力可以投注在需要關注的學童身上；目前教育部鑑於校園霸凌過於嚴重，因此想要在民國一〇五年之前在國小校園完成國小輔導老師之編制，然而若干縣市政府卻將因爲少子化而面臨超編的國、中小教師「輔導」其去進修若干輔導課程，變身爲「輔導教師」，這樣「一魚兩吃」的作法，並未將「輔導工作」視爲專業，宛如回到二十年前的「輔導學分班」，不僅無濟於事，反而讓未來學校輔導更充斥著非專業人員，喪失了原本的良善用意。

國中部分雖然國內有台師大、彰師大與高師大擔任培育中學輔導教師的工作，但是國中教師的課業繁重，鮮有時間投注在需要的學生身上，加上許多學校還是靠主校政者決定對輔導工作重視多少，因此其輔導諮商成效還是不整齊；高中以上的學校（特別是北、高兩市），輔導老師的專業性較足夠，公立學校的輔導老師幾乎都不用上課，專注於學校輔導業務，只是因爲有升學的壓力，高中老師以輔導升學爲主要目標，協助學生的身心健康與發展還是其次，高職教師的專業性與負責業務，主要是看學校負責人的態度，也較少專業教師的配置，雖然一般地方政府設有學校心理衛生中心，負責高中（含）以下學校的較嚴重案例，然而其編制嚴重不足（專任諮商師少）；大學院校有較多的有照諮商師執業，然而專任名額有限，許多是兼職，有些學校礙於經費，也不能聘請較多合格的諮商師駐校服務，也讓許多專任諮商師在不同校區之間疲於奔命。

社區內有大學的居民，基本上是可以利用大學所設立的學生輔導中心的服務，不過也要看校方的態度，是否開放給社區民眾使用（這當然也涉及經費問題）。大學或是學校基本上是社區的資源中心，倘若資源足夠，是可以讓在地民眾享受其諮商服務的，而不只是提供校園或運動場讓居民活動而已！目前輔導資源最多的應該是台北與高雄兩個都會區，都會區似乎比較重視居民的生活水準與身心健康，加上資源也足夠，怪不得吸引了更多的助人專業人才聚集，台北市還有「行動輔導教師」（輔導相關科系畢業，有教師證，但是未考取一般學校任教者）的設置，到需要的學校進行諮商輔導業務，也可以彌補諮商師的不足。

我國助人專業最大的問題在於「整合」，不僅政府或公立機構沒有整合資源與系統，地方上的情況亦同，這是否與我國傳統以來的文化國情有關？個人自掃門前雪的各自獨立，使得資源重複使用，或是無法到位，都是極端的浪費。

諮商在做些什麼

諮商師雖然也是「醫事人員」，但是將尋求服務的民眾稱為「當事人」（client），之所以不願意以「病人」稱之，就是因為尊重，也避免標籤化。因為我們都是生活在地球上的人類，每天都在面對問題，偶而會有問題解決不了，或是處理得不滿意的地方，因而會衍生出情緒上的問題，只要能夠撫平或紓緩不安挫敗的情緒，重整自我，重新得力，就可以有能力去面對或做更好的處理，因此不適合稱作「病人」。此外，諮商師不是「替」當事人解決問題，而是「間接」協助當事人面對、處理或解決問題，在這一點上與醫師的情況（直接針對病人的問題作解決與處置）就有差別，所以也不應該稱爲「病人」。有些心理衛生專業人員（如社工）喜歡將當事人稱爲「個案」或是「案家」（個案的家），這也無妨，只是諮商界還是習慣將求助者稱爲「當事人」，是業界較爲喜歡的通稱。

諮商師會先理解當事人的主訴問題（或主要困擾）爲何？屬不屬於自己可以協助的範疇？然後詢問當事人希望此行達到的目的爲何？釐清當事人的目標，然後進行適當的協助計畫與執行。許多人誤以爲諮商只是「說話治療」，但是其實諮商師還運用了許多策略，協助當事人達成目標，以及運用不同媒材（如遊戲、繪畫、音樂、肢體動作、放鬆訓練、家庭作業等）作爲輔助。

在治療過程中，諮商師想要做的一些行爲或動作，若是當事人覺得不舒服或是有疑竇，可以拒絕，不需要遵從，這也是諮商會尊重當事人福祉的作法。諮商師專業倫理裡面規定：當治療師需要進行較新的技巧或實驗時，必須要先對當事人做充分說明與解釋，包涵可能有的潛在危險。像是有些人會做電療，電療的原理、研究成效與可能產生的危險（如暫時失憶）都要說明清楚；另外像是做催眠或前世治療，接下來若是勾起舊傷該如何處理？這些也都是諮商師需要負責的部分。也就是諮商師有解說、拿出證據的責任，當事人有詢問與拒絕的權利。

諮商師偶而也會規定一些小小的家庭作業，讓當事人回去做，也許只是觀察家人的反應，或許只是做個小動作（像是幫助他人），這些作業都有其目的，諮商師也會做說明，當事人如果願意合作去執行或嘗試，然後與諮商師討論心得，容易進步得較快速；當然，若當事人有難處、不想合作，也可以與諮商師商量。我們有許多的迷思其實是因爲「想太多」，偶而的一些實驗動作可以破除許多迷思與障礙。

我們一般人很難得有機會讓他人或是自己的重要他人好好「聽見」自己，我們都太忙於生活，也擔心對方說出了自己不喜歡或不同意的話，所以都儘量逃避眞誠對話的機會。在諮商現場，有位專業治療師願意花時間、全心全意地聆聽，對每一個人來說都是相當有價值、且受到感動的，而許多當事人也反應道：「我也不知道自己爲什麼會對一個陌生人（諮商師）哭？感覺好像他/她是世界上唯一了解我的人。」當一個人覺得被了解，就是一股很大的動力，會讓當事人願意去爲自己努力與做改變，即便前面有荊棘、阻礙，也因爲有諮商師的支持而不覺孤單。

諮商可以協助哪些議題？

諮商是針對一般人在日常生活中的困擾，因此其可以協助解決的議題有很多，包括個人的成長與發展、心理困擾、人際（包含家人或親密）關係、生涯選擇與決定、失落經驗或受創（天然或人爲）等，都可以是諮商師協助的議題。只是因爲國人還不熟悉諮商專業，因此許多有關個人關切的問題，通常是找家人或朋友商量，倘若家人或朋友無法協助，也只能自己想辦法解決。諮商可以協助的問題包羅萬象，從教育到心理治療都可以含括在內，當然需要視諮商師的專業與證照來決定，因此不同的諮商師可以協助的範圍有異。一般的諮商師可以處理有關人類發展階段（從懷孕到老年或死亡）的一些特殊議題（如自我認同與自信、角色改變、環境轉換與適應、青少年身心發展與懷孕、選擇興趣與科系、讀書策略、親密關係、人際相處、生涯選擇與發展、中年危機、失落經驗、退休計畫與面對死亡等），還有一些危機案件（如家暴、性侵害、天災或人禍），或是一些心理困擾（如憂鬱症、焦慮等情緒問題，犯罪或行爲偏差問題，邊緣型、戲劇化等人格違常問題，或精神分裂、精神官能症等精神疾病）。

不管諮商師面對的是什麼困擾（如親密關係、生涯選擇、作重大決定、或是情緒心理困擾）或是形式（認知強、較情緒化、有行動力）的當事人，其核心不外乎「人際關係」與「自我」兩大主軸，也就是幾乎所有的議題都會跟這兩大主軸有關，因爲人是在關係中生存，而自我也在與人互動中成形。因此若以巨觀的角度來看，諮商師所處理的不外乎這兩大議題。

諮商師的工作不限於在諮商室或是團體室內，還可以走出諮商室去做教育宣導、衛生推廣的服務（就是所謂的「外展服務」）。此外，諮商師基本上是站在協助弱勢族群的一方，因此會為弱勢代言、設法改善社會環境或政策，讓一般民眾的生活更舒適穩定、社會更平權公義。

諮商師的準備功夫

準諮商師除了要接受一套完整的課程與實務訓練，在進入輔導或是諮商助人之初，最好針對個人議題去做一些自我整理，這也是我們訓練諮商師很重視的一環。研究所的課程雖然可以提供準諮商師一些專業上的修養與能力，但是要養成專業的諮商師，還是需要諮商師本身的努力與修煉。優秀諮商師的養成其實就像醫生、護理及其他專業人員一樣，都是靠「當事人」所成就的，也就是如同名醫那樣，看過了許多病人、經過了許多的臨床經驗、失敗了許多次，然後才成爲一個專業知能不錯的醫生，這就像是名將是許多兵卒的犧牲奉獻（所謂「一將功成萬骨枯」）所換來的一樣，因此我們也特別感謝我們的當事人，謝謝他們願意讓我們從新手、慢慢淬鍊成更好的助人工作者。

好的諮商師會在晤談進行之前先準備好，包括對於當事人與問題的了解、當事人對問題優先處理的順序、有效的處遇策略、相關資源的取得等，即便是在諮商晤談中，也全神貫注、沒有環境的干擾（如電話聲、吵雜聲、或有人進出）。一般的諮商師在面對任何一位當事人之前，也都會做一些翔實的準備工作，不管是了解當事人背景與困擾、事情發展始末與可能因素、個人與環境資源與限制，也會預想這一次會談的主題或方向，以及可以運用的策略，甚至還會思考讓當事人嘗試一些小作業或實驗，延續與增強諮商的效果。有時候諮商師還會請教督導或是同儕，看有沒有其他或是更好的處理方式，因此，諮商師可不是只要走進諮商室就可以立刻工作、不需要準備功夫的。

諮商師可以守住秘密嗎？

來求助的當事人可能有的疑問是：我講這些這麼私密的事，萬一諮商師洩漏出去，該怎麼辦？當事人其實可以放心，諮商師基本上要遵守既定的倫理規範，「保密」就是其中一項，但是這個「保密」是有一些限制的，包括諮商師若懷疑或是確定當事人有自傷（與自殺）或是傷害他人的可能性時，或是知道有人受到傷害（如虐待或遭受暴力、犯罪、危害公共安全等），就有責任要知會相關人士，要不然就是失職，可能會被起訴、或是吊銷執照，這是因爲諮商是以尊重與維護生命爲第一優先。另外，如果當事人無法定的行爲能力（像是十八歲以下、或是有身心障礙），仍受到父母親或其他人的監護，萬一當事人的一些行爲仍需知會監護人（像是未婚懷孕、犯罪），那麼當事人與諮商師之間的「保密」協定可能需要重新思量，諮商師一定會告知當事人「保密」與「不保密」之間的關鍵、優窳與責任。

從這裡看來，諮商師與一般的宗教告解是不同的，教會裡的神父或牧師可以傾聽與完全保密信徒的告解，不管告解內容爲何，但是諮商師基本上是以「維護生命」爲第一要件，所以會以拯救生命、避免傷害爲第一優先。即便是當事人因爲臨終或是重病，想要以人工方式結束生命，但是目前法令仍然不允許做這樣的決定，諮商師若是知道當事人可能有這樣的意念或是決定，也要嚴守專業倫理，做必要的處置。

與諮商師的關係有無界限？

人與人之間的關係有適當規範，當然當事人與諮商師之間也要有適當的關係界限。當事人自己也要清楚，若是諮商師有奇怪的舉動或讓當事人覺得不舒服，他/她都可以拒絕。像是與諮商師之間肢體的碰觸，一般說來，諮商師會重視當事人的意見，儘量沒有肢體上的碰觸，如果治療師座位太靠近、讓當事人有威脅感，當事人也要讓諮商師知道並做適當調整。有些治療師會帶領當事人做一些實驗或體驗性質的動作或作業（像是想像、小型的實作作業等），當事人若是覺得不自在，都可以直接婉拒，不需要擔心治療師是否高興，因爲這就是尊重當事人的表現。然而，有時候諮商還是需要跨出一步、冒一點險，當事人可以聽聽看治療師的意見，然後再做決定。

當事人在諮商場域裡，與治療師是專業的治療（或「諮商」）關係，因此基本上諮商師不會與當事人發展治療以外的關係（包括友誼、親密或性關係，以及商業關係）。如果當事人與治療師在同一社區生活，或是活動圈重疊，也許偶而在治療時間之外會與治療師相遇，一般狀況下，除非當事人願意主動與治療師打招呼，治療師才會回應，要不然爲了保密原則，諮商師是不會任意或隨性與當事人主動寒喧或聊天的，因爲萬一當事人是與朋友或家人在一起，而家人或朋友並不知道當事人求助的事，豈不是洩露了當事人的秘密？這些可能發生的狀況，諮商師在正式進入治療關係之前，也都會提醒當事人，並與當事人商議可以應對的方式。

基本上諮商師不接受禮物，或是與當事人有「以物易物」的情況，如果收受禮物是當地文化禮俗，諮商師就要仔細思考其可能的後果或影響。如果當事人極爲窮困、不能負擔諮商費用，諮商師首先會替當事人找可能的免費諮商協助（包括公家單位可以負擔費用），或是依據當事人的經濟情況做分期付款，或是減少費用；如果情非得已，諮商師可能會讓當事人用「以物易物」的方式付費，像是當事人替諮商師修車，或是以雞鴨或農作物回饋諮商師，只要諮商師衡量其利弊，也注意到可能會影響治療關係的因素，其實也可以接受。因爲一旦與當事人的關係從專業的治療關係變成「交易」關係，就可能會有「雙重」或「多重」關係的疑慮，可能會妨礙諮商關係，不可不愼歟！最終原則就是諮商師要做嚴密的把關，諮商師不可以因爲個人利益而犧牲了當事人的福祉。

諮商過程

有些當事人在未進行諮商之前，以爲諮商就是在一間小小的房間內，當事人躺在沙發上、一直被問問題，其實有些傳統的精神分析治療可能還是遵循這樣的方式，不過治療師基本上不會問太多問題，而是讓當事人自己去發揮。甚至許多民眾認爲諮商師只要和他／她談幾句就可以對他／她瞭若指掌，這就是將諮商師當作會「讀心術」的能人，是錯誤的觀念，儘管諮商師有較扎實的心理學基礎與背景，但是這些訓練不足以讓他／她「看透」人心，只是諮商師在與當事人工作時，會仔細蒐集資料、研判資料的意義，進一步協助當事人更清楚問題的全貌，以及可以介入處理的方向。有些諮商師可能會以商業性的人格測驗或是塔羅牌之類來吸引當事人，然而這些訊息也都只能做參考之用，不能是正確有效的預測或是證據，諮商師在治療過程中，會運用許多方式搜羅資料，最大的資料來源還是當事人所提供的。

尋求諮商服務通常可以從透過網路、電話或到場預約的方式開始，診所或機構可能會先要求「準當事人」（就是還沒有正式接受諮商服務者）填寫一些基本資料（包括姓名、年齡、工作性質、聯絡方式、主訴問題、緊急聯絡人等），最重要的是「主訴問題」部分，需要準當事人扼要寫出想要談的問題或困擾，診所或機構會有「個案管理員」（case manager）負責「分案」給最適當的諮商師。但是儘管有這些已經填完的資料，基本上還是需要諮商師與當事人在第一次見面時先做的「初次晤談」（intake），主要目的就是蒐集更詳盡的資料，還會告訴你/妳收費標準，以及當事人必須要了解的資訊，此時「準當事人」也可以依據自己的需求「要求」要怎樣背景或資格的諮商師來爲你/妳服務，倘若此機構或診所沒有符合你/妳要求條件的諮商師，或是費用太高，你/妳也可以請對方「轉介」（refer）你/妳到更適合的機構或診所。有不少私人機構的「初次晤談」是不計費的，等到正式諮商晤談時才開始計費，這也是當事人可以留意的。

有些當事人在與諮商師「初次晤談」時，不太好意思問問題，甚至也不太敢提出自己的需求，這時我就要提醒當事人「花錢的是顧客」，理應有權利做適度的要求。而在正式諮商進行過程中，如果你/妳對諮商師有疑慮或是不滿意，也可以隨時做更換，但是當然要有足夠的理由。

當事人一旦進入諮商關係，當然諮商師會希望你/妳能全力配合。也許在治療過程中，當事人會試探或測試諮商師，但是先決條件是治療關係穩固，接下來的許多合作策略與行動才會有效。不管是自願或是非自願的當事人，諮商師基本上都有能力取得他/

她的合作之後，進一步的協助或治療才會發生。每個人都需要被了解、認可，諮商師憑藉著專業背景與臨床經驗，了解當事人與其關切的議題對當事人是相當具有效力的，畢竟我們在生活當中要找到一位「眞正」了解自己的知己眞是太少了，不管當事人是因爲面臨生活的瓶頸、最後找上了諮商師，或者是因爲他人轉介、認爲他/她亟需幫助，許多當事人在與諮商師相談不久之後，會卸下心房，流露眞正情緒，主要就是因爲「被了解」。

以前我們在訓練還沒有成熟之前，彼此都是實習的諮商師，那時候喜歡玩一種「遊戲」，就是「比賽」誰的當事人哭了！大部分用心的諮商師在第一次與當事人見面後，當事人就會不自覺地哭泣，我們其實要印證的是「被了解是非常重要的」，也因爲「被了解」才會眞情流露！而在治療上的術語是說：只有打開當事人的情緒之門，治療才開始！要不然許多當事人都還在防衛之中，設了重重關卡、不讓諮商師了解其眞正的想法與情緒，諮商師自然不得其門而入，接下來的治療就需要花費更大的力氣。

填寫基本資料（親自到場或是以電話、網路聯絡）

↓

初次晤談

↓

選定特定諮商師

↓

晤談與治療（次數可以與諮商師協調）

↓

結束晤談與治療關係

↓

追蹤與評估（通常是與當事人當面或電話訪談）

圖二　諮商流程

一般諮商流程如上（圖二）：

有些諮商助人機構沒有最後的「追蹤與評估」，因此也不太清楚當事人目前的狀況或是治療效果如何，比較有系統、或是上軌道的諮商機構會做得比較完整，一來可以了解當事人的近況，評估需不需要繼續做諮商或轉介，二來可以了解諮商的效果如何；而當事人也可能因爲這樣一通追蹤與關切的電話，可以感受到自己持續受到支持，機構本身也順便做了很好的「行銷」。

當事人對於諮商流程若不清楚，或是不知道自己的角色爲何，都可以詢問諮商師與相關人員，助人機構本身都有責任與義務提供這方面的訊息。另外，機構或是諮商師本身若更能讓當事人了解諮商性質與流程，不僅有助於治療關係的建立與促進療效，也可以讓當事人更能充分使用諮商機制。而我們希望諮商普羅化的期待，也因爲有當事人親身經驗之後廣爲宣傳（我們戲稱爲「老鼠會方式」），這樣的行銷通常較具說服力！

諮商師的角色與當事人的責任

一般說來，諮商師的角色與功能有：

（一）治療師——協助當事人、家庭或團體達成個人或是人際的目標，克服個人的障礙或是困難，協助做決定與設計改變或成長的行動計畫，以及促進健康與福祉。

（二）顧問或諮詢——協助其他人士（如諮商師、督導、父母或師長）的工作，讓他們可以更有效影響或協助當事人、接受督導者、子女或學生。

（三）改變的動能者（change agent）——諮商師從臨床經驗中會更了解社會與環境的系統與現況，因此可以協助機構、社區或是系統擬定計畫與執行必要的改變行動。

（四）主要預防者——諮商師可以運用教育或是訓練策略，著手執行一些可以預測的預防工作，像是協助發展階段孩童了解自己進入青春期的生心理變化與因應之道，防堵校園霸凌的發生與嚴重化、自殺預防、天然或人爲災難後的心理重建等。

（五）管理者——諮商師也需要發揮一些行政技巧功能，像是擬定計畫與評鑑、評估需求、設立目標、預算計劃、整合資源、安排議程與諮商時段、做調查與研究等等（Baruth & Robinson, III, 1987, pp.144-145）。

諮商師在晤談過程中，會讓當事人有安全、穩定的感受，因爲他/她全神貫注，眼裡只有當事人，也接納當事人所有的反應，這樣可以讓當事人暢所欲言，也不需要擔心自己的事情或隱私會外洩。諮商師在諮商過程可以擔任許多角色，可以是教育者、老師、家長、訓練人員、示範楷模、督導、朋友、與顧問，也可以發揮陪伴、催化、鼓勵、引導、治療等功能，諮商師的角色會隨著諮商過程、進度，以及與當事人的治療關係而有所改變；而諮商師在諮商初期負擔較大的責任，諮商慢慢進入後期，當事人則分攤較大部分的責任，因爲改變的主要行動人是當事人本身。諮商師也會協助當事人將治療過程所學到的慢慢轉移到日常生活中，也是讓當事人可以更有能力去因應生命所給予的課題。

諮商師是一個「助人工作者」，因此他/她不是「替」當事人解決問題，而是「協助」當事人去看問題、分析問題，以及思考可以運用的解決策略與資源，諮商師也會協助當事人去找更多、更適當的資源，然而解決問題的關鍵人物依然是當事人本身。

諮商師很多時候不是獨立作業，有時候是輔佐功能（像是與精神醫師合作治療心理疾病或發展遲緩者），有時候是協助當事人找尋適當可用的資源（像是當事人經濟困難而找社工協助，學習問題找老師幫忙），甚至是爲了協助當事人而整合所有資源並傳輸到位（像是家暴案件發生時的警政調查、法律顧問的諮詢、社工進入、醫師診療、居住與子女安置、就業輔導等）。

沒有尋求過諮商協助的人可能會擔心：我在諮商時該做些什麼？給當事人最好的建議就是「做自己」，想說什麼就說，最好不要有所隱瞞，讓諮商師有最完整的資訊，才可以考慮更適切的處置方式。當事人不要擔心諮商師會傷害你/妳，或是擔心自己所提的議題會引起諮商師奇怪的目光，在諮商現場最主要的角色就是當事人，諮商師也會以當事人的立場與想法為考量。

我們也會建議準諮商師自己去做諮商（不管是個人或是團體），主要目的是做自我整理，也去體驗諮商的效果，因為如果連準諮商師自己都不相信諮商的效果，又怎麼可以說服潛在當事人來求助？但是有些正在學習做諮商師的學生或學員，常常在做個別諮商時忘記做自己，而將觀察與心思放在諮商師身上，要不然就是去猜測諮商師目前在用什麼技巧？是屬於哪個學派或取向？我個人認為這就不是我希望的「做自己」。

歐美有些諮商師訓練機構都會要求準諮商師自己先去做諮商，甚至是進入訓練課程的先備條件，我認爲是相當有意義且有實效的作法。再則，諮商師因爲處理的都是人類日常生活會碰觸到的議題，如果諮商師本身也有經驗但卻沒有做好處理，可能就會反映在治療現場，甚至會傷害當事人，這就犯了專業倫理的錯誤，可能會被吊銷執照（雖然目前在我國還未立法）。像是若諮商師正處在「醜惡」的離婚階段、認爲天下男人都是可怕的，卻碰到一個想要跟妻子離異的當事人，請問諮商師可能站在客觀的立場嗎？如果以這個案子爲例，諮商師最好迴避與自己目前情況有關的個案，以免陷溺在自己的情緒裡，或是轉介給更適當的人選來處理，而諮商師本身也不妨找個諮商師，好好將自己的問題先做處理。

如何找到適合的諮商師？

該怎麼找適合的諮商師？許多的諮商中心網站會提供諮商師的專長與訓練背景，民眾可以依據自己的需求，指定某個領域的諮商師做晤談。像是人際關係議題（如親子關係、親密關係、性別關係等）、情緒困擾（如憂鬱、躁鬱、焦慮、恐慌症等）、家庭議題（如親職、與原生家庭的關係）、自我議題（自我認同、自我定位、生涯發展、人生意義等）。當事人可以要求想要的諮商師資格與專長（主要是針對自己關切的議題領域），有些當事人也會要求性別或是性取向，這些都是當事人的權益，不要輕易放棄，若是對諮商服務有任何疑義，也都可以直接詢問，不要怕不好意思。如果該機構沒有適合的人選，或是附近地區也沒有適當人選，機構中負責個案管理的人員可能會問當事人：「若本機構沒有符合你/妳要求條件的諮商師，你/妳可以接受嗎？」若當事人堅持要條件吻合才行，機構也只能提供相關資訊，讓當事人自己去做決定。

有些當事人不太清楚自己的權益，也覺得若是拒絕眼前這一位諮商師會不好意思，萬一治療進行不如預期，屆時要更換諮商師，就有點浪費時間與資源，其實也影響了當事人的福祉，因此當事人要清楚，也善用自己的權利。

諮商模式

諮商可以因爲直接或間接接觸而分爲面對面的直接服務或是間接服務（如諮詢與電話或網路的服務）。一般的諮商是「面對面」的方式進行，有個別與團體諮商（包含家庭與配偶諮商）兩種模式；此外，因爲科技網路的進步，現在也有非面對面的諮商模式出現（網路諮商），可能用電子郵件、即時通等方式進行，不知道有沒有人用「視訊」的方式？

「諮詢」則是類似顧問角色，諮商師可以提供當事人的教師、家長或是重要他人一些意見或建議，以協助當事人（像是學生、孩子、員工）爲目標。「面對面」的諮商是較爲傳統的，但也是目前通行的主要諮商模式，因爲面對面，所以治療師可以蒐集與觀察到許多重要的訊息（像是身體語言、姿勢、語氣詞等），也可以直接看到當事人的情況（如氣色、長相、精神），誤失的線索較少，也可以做較爲正確的評估與診斷；再者，經由面對面的互動，治療關係較容易建立，而當事人與諮商師感受也較爲眞實，而這樣的人際交會其實也是重要的療效之一。以下將不同諮商模式做簡單的介紹：

一、個別諮商

主要是針對個人所做的諮商服務，基本上是治療師與當事人以一對一的方式進行。諮商師與當事人關係很緊密，可以談論的議題也就可以更爲深入。

二、團體諮商

由諮商師做領導人，六人以上（至十二人）爲團體成員，大家可能對於共同的一些議題（如親密關係、親職責任、受創、自我成長等）有興趣，因此共聚在一處，每週固定時間見面、討論。團體諮商也可以是馬拉松式的，也就是持續進行幾天或一週、吃住在一起，這樣子團體凝聚的時間較快，也較容易在短時間建立起團體情誼。諮商師擔任領導人是一種方式，目前也有由非專業人員自己形成的團體，由團員輪流擔任領導者的角色，像是許多的讀書會、戒酒或戒毒團體，這些稱之爲「自助團體」（self-help group）。

諮商若以團體的方式進行，省時又經濟、而且效果不錯，而團體諮商也是目前的趨勢。在團體中可以學習的有很多，包括：（一）發現大家都有共同的問題，有人解決了、有人仍在摸索中，讓當事人有希望感；（二）發現這些問題都是人類生存共有的、面對的議題，因此不會孤單；（三）可以從不同的人身上模仿與學習，也學會與人互動的方式與技巧；（四）可以有機會從不同的角度學習與修正舊有的經驗或角色，也可以進一步修補重要關係；（五）發揮「利他性」與互助精神，展現人類生存是需要獨立自主與共同依賴的；（六）可以體會到歸屬感，獲得接納與認同；（七）可以凝聚團體，練習新技巧，也獲得支持去執行新的行爲與計畫；（八）可以交換資訊，讓彼此都有獲益與成長；（九）有人聆聽，情緒獲得宣洩（Yalom, 1995）。

三、配偶（或「夫妻」）諮商

如果親密伴侶間發生一些問題，可以藉由諮商來協助，像是夫妻或是伴侶因爲彼此的關係、孩子問題（如情緒困擾或是過動）、親子關係、親職管教、因爲延伸家庭涉入而產生問題等。多半時候，伴侶彼此談論、研商解決之道，事情也可以獲得不錯的處理，然而有些時候可能因為彼此價值不同，溝通過程出狀況，或是問題持續已久、卻僵持在那裡，或者是有外遇問題，甚至已經考慮分居或離異，此時可以藉由諮商師的客觀角度與經驗，協助伴侶做更好的決定或選擇。有時候，伴侶之一可能已經在接受諮商服務，若是要彼此繼續攜手人生，或是有更好的分手方式，那麼邀請另一人參與配偶諮商，可以共同規劃出更好的解決之道。

美國有些伴侶在結婚之前接受一些婚前諮商，可以讓他們婚後適應更佳，而我國的家事法庭在判決夫妻離婚之前，也會提供夫妻「家事協調」的機會，讓家事協調師可以針對離異之後子女監護、財產分配等做較好的安排與協議，只是「家事協調師」的功能與諮商師還是不同，前者較著重物質或是責任的公平分攤，後者則重在個人心理調適與因應。

四、家庭／族諮商

家庭／族諮商是邀請相關家庭內的人參與，若是家庭裡參與的人愈多，可以造成的改變也愈大。因爲許多的問題出現，通常不是單獨個人的問題，而可能牽涉到家庭運作與功能。像是家裡出現兒童慣竊，也許是單純孩子想要買東西、但是沒有零用錢。一般極大多數孩子偷竊可以反映出幾個可能的問題：一是家長缺乏監控與管教，甚至沒有讓孩子有「所有物」的觀念；二是家庭親職功能失常，父母親可能太忙或是缺席，沒有發揮該有的親職功能，孩子是在無政府狀態下生活；其三可能是家庭目前出現問題（如雙親正在離異過程、隔代教養祖輩無力監控孩子行爲、家中有重大失落事件發生），孩子企圖以自己的行爲來吸引父母親或教養人的注意等。

所謂「家家有本難念的經」，沒有一個「完美」的家庭，而在一個家庭裡，每一個人都有其角色與功能，因此只要家中一個環節出現問題，就可能牽引家庭整個系統的變動，所以若能集結家人共同的力量，面對與解決共同的問題，可以讓家庭恢復正常運作，同時也讓家庭因應危機的能力增強！我們國人的「家族觀念」很強，但是也因爲如此，常常會將個人的問題視爲「家醜」，企圖掩蓋或文飾、卻沒有眞正去面對與處理，而且因爲是「家醜」，容易就變成「家庭秘密」，讓受害者受害的時間更爲延長！像是在臨床工作上，常常碰到家長以「孝順」爲要脅手段的案例，我曾經碰過「無法掙脫家庭掌握」的當事人，凡事都需要獲得父親的允許才可以做，父親不讓孩子找別的工作，孩子就必須一直參加公職人員的考試，一考十幾年都沒有成功，孩子就有精神異常的情況，每天只捧著書、喃喃自語；父親如果願意放手讓孩子去嘗試、發展自己的人生，情況可能不會這麼悲慘！也碰過父親亂倫的案例，妻子也成了共犯，後來女兒淪落風塵、自暴自棄。也有母親常以自殺來威脅孩子要愛她、聽她的話，最後孩子連交往對象都要獲得母親的首肯才可以進行，孩子不是離家出走、選擇背叛母親，就是留在母親身邊、做孝順的孩子，沒有自己的生活與喜好。如果這些家庭裡有超過一個人願意做改變，那麼就可以相偕去見諮商師，看看有無方法讓這樣的僵局獲得舒緩，甚至進一步解套，只要家庭系統中有些環節開始改變了，也可以帶動其他環節的改變。

基本上，我會建議在參與團體或家族諮商之前，先進行一段時間的個別諮商，可以先釐清、解決個人的議題，讓自己做適當整理之後參加，會比較了解諮商的運作方式，更有效利用諮商，同時也因爲在團體或家庭諮商時引發的情緒會較多，也較爲激動，若是個人的自我強度或準備度不夠，就很容易在團體諮商的場合失控，不僅可能受傷，也喪失了許多學習的機會。

五、電話或網路諮商

以前有以「書信」方式進行諮商，但是這樣的時效太慢，有時由於當事人書寫表達能力與時間的限制，未能傳達正確的訊息，或是時效不及。現在有電腦網路的加持，讓書寫的諮商更爲便利，也因爲網路無遠弗屆，以及可以匿名的好處，可以運用的範圍也增加了！國內有「生命線」、「張老師」或「觀音線」等電話服務，但是因爲線路不多，加上有些無聊人士的濫用，導致生命線「斷線」，反而協助不了亟需要的人！

網路諮商可以線上諮商，或是用即時通，以及電子郵件等方式聯絡，這也要考驗諮商師的專業、書寫能力與速度，要在很短的時間內與當事人建立關係，切中要點，的確也不容易。當然線上諮商還是不及面對面諮商那般可以掌握較充分的資訊（特別是需要做診斷、轉介的資訊），因此有時候在線上與當事人聊過之後，還是會建議當事人就所居處附近、找適當的諮商資源。

不同諮商取向與看問題的方式

一位諮商師的「專業身分」反映在他/她畢業學位、偏愛的專業證明（如喜愛不同主題或與不同族群工作）、主要隸屬的專業機構（如屬於家庭治療學會、督導學會、學校諮商或其他學會），以及偏愛的專業知識來源（如書籍或期刊）（Baruth, & Robinson, 1987）。每一個諮商取向對於人性與問題的觀點不同，也因此影響其治療的介入方式與策略。以下舉幾個例子做說明：

一、精神分析治療

將人的困擾歸因於「潛意識」的衝動（尤其是「性」驅力）與童年未解的問題（如戀父戀母情結），治療時當事人躺在沙發上，治療師是站在當事人的背後，當事人想說什麼就說什麼，將治療師當成一塊可以反映或投射任何人物的白板，諮商師會花許多時間來蒐集資料，因此治療時間較長，通常是一週與治療師見面五次、長達數年，等到治療師資料蒐集足夠了，就會開始解釋與分析當事人的心理狀況，當事人因此對於自己的困擾會有「頓悟」，改變就產生了。

二、阿德勒的個體學派諮商

將人出現的問題視爲「不適應」而非「病態」，健康是擁有正向的社會興趣，願意與人做良好互動，也對社會有貢獻；此學派治療者認爲人的行爲有其目的，不適應行爲的產生可能有錯誤目標（不適合社會興趣）的緣故。諮商進行中，諮商師會注意到當事人問題行爲或徵狀背後的目的，教育並引導當事人朝向社會有益的方向前進。阿德勒是最先進行家庭治療的治療師，其理論也被廣泛運用在親職教育中。

三、家/庭族治療

認爲某位家庭成員出現問題或是徵狀，主要是反映了家庭「有」問題了，需要注意。像是父母親決定離異，而在學的學童可能就會出現行爲、課業或是人際間的問題，他/她可能是發出「求救」的訊號，希望有人留意到；另外的原因是：因爲其身爲家庭中的一份子，認爲自己有義務與責任協助家庭，但是又因爲自己問題解決能力、認知與生命經驗不足，所以可能採用了錯誤的解決方式（像是讓自己變成另一個問題，希望轉移父母親的注意）。年幼的孩子（包括孩童與青少年），常常因爲無法明確說明或表達自己的情緒（例如哀傷、氣憤），因此也常常以「行爲」的方式表現，成爲家庭功能出現問題的「代罪羔羊」。

四、焦點解決短期治療

認爲每個人都有優勢或能力，只是遭遇到困難或瓶頸，一時之間忘記了自己曾有過或擁有的能力。所以焦點解決的諮商師會以「尋求例外」的方式，協助當事人找回自己的能力，讓當事人可以從不同的角度看自己，也看問題，讓他／她明白他／她就是自己問題的專家，有能力去處理面臨的困擾。

五、敘事治療

認爲每個人都生活在「主流」社會文化的價值內，因此也會被「定義」，讓個人無法掙脫被標籤或受害的命運。敘事治療相信事實有多種面貌，尊重當事人所看到的，也支持當事人未說出卻非常重要的「非主流故事」，將「人」與「問題」分開（像是不因人廢言、不因言廢人），讓當事人可以從「賦能」（empowered）角度重新解讀與解決問題，甚至重新著作自己的生活故事。

六、行為治療

認爲困擾行爲與一般的行爲一樣，都是經由學習而獲得，因此也可以用「再學習」的方式，學會新的適應行爲。行爲主義治療者不去了解行爲內在的原因，因爲觀察不到，也無具體證據，因此只專注於外在明顯的行爲與其改變，如果當事人有行爲上的偏差，就依據行爲主義的許多策略來加以改變。現在沒有單純的行爲主義治療或諮商，通常會合併其他的治療（特別是認知治療），因爲「行爲的改變」才是最終的目標；而行爲治療的許多技巧也是大部分治療取向的重要元素。行爲治療可以用來打破「認知」上的障礙（像是許多人會在未開始行動之前就打了退堂鼓，因爲「想得」太難，乾脆就不去做了），只要有所行動，通常就可以發現執行起來並不難！我們生命中許多的「第一次」不就是如此？

七、認知行為治療

認爲人的認知與信念會影響情緒與行爲，人的許多非理性信念或認知扭曲，不僅讓自己飽受情緒之苦，也影響自己的功能與人際關係。因此認知行爲治療就是協助當事人釐清自己可能偏誤的思維（包括找證據），然後看見更多的選擇與行動。

八、現實治療

認爲人都有基本需求（生理與生存、愛與被愛、權力、自由與玩樂），其中最重要的就是愛與被愛的人際需求。人之所以會出現問題是因爲我們用了無效的方式去滿足自己的需求，因此諮商師會協助當事人如何運用「有效」的方式來滿足自己的需求。

九、人本中心治療

將治療師所營造的溫暖、正向氛圍視爲治療重心，相信人有向上、向善的潛能，只要接納當事人並仔細傾聽，就可以導引出當事人解決問題的能力，諮商師的眞誠一致、陪伴與支持非常重要，而諮商師的「人」就是治療的最佳與最主要工具。

十、存在主義治療

存在主義治療看到人類生存的困境與條件（死亡、孤單、無意義、選擇與自由），甚至「受苦」也有其積極意義，因此強調「創造有意義的生命」，人也因爲孤單會積極經營人際關係，而在有自由選擇的同時，也須負起該負的責任。

十一、完形學派治療

認爲人是身心靈合一，因此如果任何一部分出現問題，也會反映在其他部分上面。完形學派諮商師特別注重身體的表現與反應，引導當事人覺察自己在做什麼？身體在反映什麼？感受到什麼？然後才有可能整合成一個完整的人。完形學派也留意到人與置身其中的大環境脈絡的關係，環境、或外在社會文化條件與人的互動，也會影響在其中生活的人。

十二、女性主義治療

係考量到社會與政治脈絡對弱勢族群的影響，而不將問題視爲個人的，也倡導社會改革、共創平權公義的社會。在女性主義治療過程中，諮商師會了解當事人的故事，進一步做性別角色與權力分析，讓當事人理解到自己目前所遭遇的問題與社會大環境之間的連結，在試圖解決自己問題的同時，也爲社會上同樣遭遇的人共同努力，締造更公平、自由的社會。

PART 2

一般常見的問題
—諮商80問

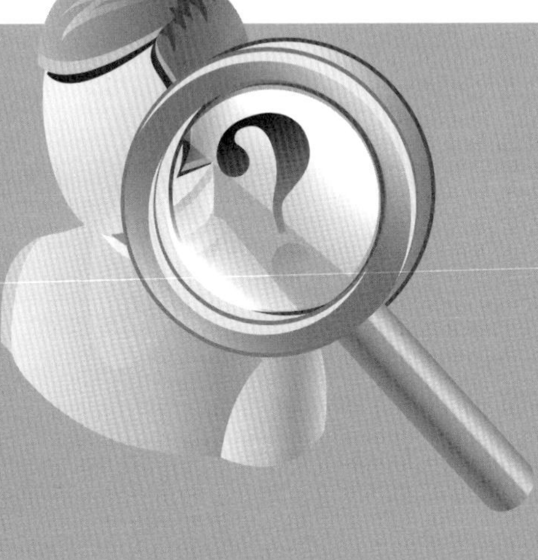

1 什麼時候可以使用諮商服務？

一般說來，如果已經找過其他重要人商量，但是問題或困擾依然存在，就可以找諮商師談談。有時候諮商師也會做簡單的診斷，甚至進一步轉介當事人先去看精神醫師，因爲有些情況可能同時需要藥物的協助，讓情況穩定之後，諮商治療才會有事半功倍的效果，所以當事人的合作是很重要的。像是憂鬱症、躁鬱症、精神分裂等疾病，還是需要專業團隊的合作，效果才加倍，而一般的諮商師也會期待當事人在服用藥物、狀況穩定之後，才與當事人一起探索與治療。我會建議一般民眾在平日就可以利用諮商的服務，只要有困擾，或是百思不得其解，甚至是找過重要他人商議之後仍然無解，或是不好意思對家人或重要他人啓齒的事情，都可以找諮商師商量；問題在還不嚴重時比較容易處理，倘若積累過多或過久，處理起來就比較麻煩。

還有一個很重要的條件：如果當事人沒有「病識感」（也就是不認爲自己生病），

自然也不會想要讓自己把病治好。我們在臨床工作上也會碰到類似的情況，往往是當事人周遭的親朋好友發現當事人不對勁，但是當事人卻沒有同樣的認知，因此就產生「皇帝不急、急死太監」的情況，其他人也奈何他/她不了！當然，如果只是當事人有「病識感」，而周遭的重要他人沒有，也是很棘手的一件事，因爲這些重要他人可能會是妨礙當事人治療的主要「阻力」！我記得以前有一位精神分裂症的學生，在學校師生的協助下，不管是課業、人際、妄想各方面都有進展，但是我們也發現他只要一回家，情況就不對勁，他藥也沒吃，還被母親丟掉，因爲母親不願意承認自己的孩子生病，所以杜絕所有的協助，我們雖然極力說服母親，卻沒有期待的結果。在這樣難爲的情況下，我們還是與醫生、教官、老師與同學們戮力協助，只是會擔心孩子畢了業、去學校任職，可能會有許多的困難。

2 諮商就是「談話治療」，怎麼可以保證其效果？

諮商服務基本上是以談話爲主要工具，但是不限於「談話」這個管道，也會運用其他的媒材（如藝術、舞蹈、演劇、身體動作、行動計畫）等進行，也可以是間接地以網路互動方式進行。諮商師雖然先以傾聽的訓練爲濫觴，但是接下來的許多關於人類發展、人格理論、社會心理學、變態心理學、診斷與評鑑等課程是讓準諮商師對於人生全程與可能遭遇的問題或困境做深入了解。此外，還爲了充實準諮商師臨床的專業能力（諮商理論與技術、個別與團體諮商、諮商實習、不同取向的諮商實務等）而設計課程。雖然現在進入諮商研究所的學生來源已經不限於心理、社工或輔導諮商等相關科系，但是一旦進入研究所，其訓練內容與要求幾乎都同樣嚴謹，主要堅持就是：諮商所面對的是「人」，秉持對人與生命的尊重，就像一般醫療人員一樣，不可輕忽！

諮商師會先理解當事人所面臨的情況，即便在傾聽的同時，當事人都可以感受到諮商師的眞誠與專業，而願意全盤吐露自己的私密與困境，甚至因爲被了解而情緒獲得宣洩，這也是一般大眾對諮商師的初始印象。接著諮商師就會很有耐心地固定與當事人見面晤談，到諮商晚期有些諮商師還會陪伴當事人去實驗、檢覈行動改變計畫，將在諮商過程中所學的運用在日常生活中。諮商師在諮商過程中不是那麼「愛說話」，反而是當事人說的比較多，而諮商師會在適當時機作介入與處置，協助當事人更清楚自己的困擾所在、可以做的改變與方向，以及實際執行的動作與計畫。

3 只要參加一些有關諮商的工作坊就可以擔任諮商師了？

從本書最前面的論述中，大家對諮商師的訓練過程與內容有更清楚的了解之後，就不會有這樣的誤解。雖然我國在諮商師法成立之後，也有過幾次「特考」，讓一些曾經擔任輔導諮商工作有經驗、或是取得國外學位的人有機會得到認證，但是較有學理基礎的諮商師還是得經過一段長時間的學院課程訓練與實習、至少獲得碩士學位，才有資格報考諮商師證照。有證照的諮商師不僅要不斷有實務上面的經驗，還需要在執業六年期間內完成規定的繼續教育時數，同時也需要研讀相關研究期刊或做研究，而參加工作坊可以是繼續進修的一個管道，但是不限於此。只參加過一些工作坊是不能擔任諮商師工作的，不僅是法律上不允許，專業上也不承認。

4 諮商效果如何？

諮商效果見仁見智，諮商的效果不一，但是基本上當事人的反應都會覺得處理過後總比不處理要好，當然也有人抱持著不同的信念，認爲諮商師「應該」要同意當事人所說的一切，或是不應該更正當事人的一些價值觀或想法，可能結果就不如當事人所預期。有些當事人對於諮商認識不清楚，將諮商師當作是醫師一樣，認爲只要諮商師開藥，或是談過一次就有明顯進步或效果，這其實有一點爲難諮商師，因爲諮商師的功能不是如此。

諮商雖然是處理心理或是情緒上的困擾，但是因爲是專業人員的工作，所以一般民眾可以相信其運作與效果。因爲人的身心靈是一體，因此即便是情緒上的困擾，或是心理上的擔憂，也都需要做適當處理，一旦忽略或是不處理，長久下來，問題並未獲得解決，心理上的壓力就更大，甚至可能有身心症狀出現。諮商師雖然沒有魔杖或是神來之筆可以造成奇蹟，但是諮商師願意花心思在當事人身上，爲當事人的權益福祉努力，當事人也會發現自己在諮商師面前是受到尊重、認可的，因此願意與諮商師一起爲解決問題、創造更好的未來而用心用力！

諮商師會依據不同的當事人與其需求打造不同的諮商策略與計畫，有些諮商方式很適合某些當事人，可能效果就很顯著，然而也可能某些諮商策略不適合某些當事人，其效果就會打折扣。通常在初次晤談時或是第一次諮商的時候，諮商師就會告訴當事人大概需要幾次晤談時間，這是針對當事人所提的諮商目標而做的初步決定，當然隨著諮商進程，諮商師與當事人都可以提出縮短或延續諮商次數的要求，只要彼此都達到共識就可以。而當事人若是不滿意諮商效果，也可以要求更換諮商師或由諮商師轉介給更適當的助人專業，這也都是當事人的權利與權限。

5 網路或線上諮商如何？

目前科技發達，諮商專業自然也要配合時代潮流，因此也漸趨科技網路化，許多諮商服務不再需要像傳統模式一樣面對面，可以透過電話、網路等方式爲之。網路諮商的優勢是無遠弗屆、不受到時空環境或距離的影響，可以讓更多需要的人使用或受惠，也讓一些對於諮商不熟悉的當事人可以在不需要曝露自己身分的情況下獲得專業協助；然而諮商師的文字運用與表達能力就占重要部分，也因爲缺乏面對面的晤談，許多的資訊或線索不足，或是在緊急情況時無法做更適切的危機處理。一般如果在交通問題可以解決的條件下，我們還是鼓勵當事人前來與諮商師面對面晤談，這樣不僅會促進諮商關係，讓諮商師與當事人雙方都容易建立信任，對於諮商協助效果更可預期。

6 諮商是一項輕鬆工作，讓當事人躺在沙發上把話說出來就可以賺進鈔票？

這是很傳統的心理治療模式，也是一般人對於諮商可能有的初始印象，但是現在已經比較稀少，而使用這樣治療方式的治療師的工作並不輕鬆，它以前是精神醫師才可以從事的行業，需要有專業訓練與知能，即使在當事人揭露了許多資料之後，還是需要治療師將所有蒐集到的資訊做整理與分析，然後進行解釋，最後才整理出來讓當事人知道問題原因與脈絡，並獲得頓悟；換句話說，諮商師同時兼顧了當事人的情緒、認知與行為的線索，不是讓當事人說出口就完成工作。而到底諮商師收入如何？要看諮商師服務的機構或是其享受的工作福利而定，並沒有統一的價格，有不少諮商師的生命任務不在於金錢，因此他/她的收入也就不是非常豐厚。

7 諮商就是有錢、有閒人的特權，有錢人才可能有空閒去接受治療

以前也許是如此，特別是歐陸國家在心理治療最初發展時的十九世紀初，只有多金的有閒貴族才可以享受這樣的服務，目前已經不是如此，然而因爲許多接受諮商服務的人是需要付費的，同時有一些諮商師收費昂貴，因此不免讓人有這樣的誤解。在美國發源的諮商，其實就是要對抗傳統昂貴的心理治療，走較爲平價的路線，有些地區還會因爲經濟情況殊異，而有不一樣的收費。我國由北到南的諮商師收費也有差異，可能從幾百元到幾千元不等，有些接政府相關單位計畫的諮商機構，其收費較爲低廉，有些當事人甚至不需要付費，因此諮商可以說是一般平民都可以負擔的心理專業服務。有些當事人會擔心萬一自己經濟能力不許可，是不是就必須要停止諮商？當事人若有這樣的疑慮，可以先請教諮商師，諮商師也會爲了當事人的權益與健康，去尋求可能的解決之道。

8 諮商是全時全天候、全年無休的工作，就像7-11一樣

諮商師也是人，有些機構所提供的服務雖然時間較長，但是基本上不是全年無休的，然而若是有危機個案，諮商師還是需要像社工師一樣「待命」，只要有情況，也需要做危機處理，至少要讓當事人在危急時找得到人協助，因此有時候會留給當事人緊急聯絡電話或聯絡人，或是像生命線之類的協助熱線。

有些當事人以爲諮商師沒有自己的私生活，只要想找人談，就會找諮商師，其實有時候是無理的要求，畢竟諮商師也有其他的案子，還有自己的生活，不能全年無休地「待命」。

9 去找諮商師心情會好一些，可是問題還是存在

去找諮商師談話，至少有個對象可以說話，或是對方會聆聽，對於許多不敢對家人或親近的人說出口的當事人來說，首先就是情緒上的舒緩或發洩，然而這只是第一步，諮商師會進一步了解內情、協助當事人找出解決之道。諮商師不是將當事人視爲被動、無能的，因此有時候經過適當的引導，當事人也會做自我整理，找出許多的可行之道。有時候問題積累已久，可能諮商師也無法在短時間內協助做最好的處理，甚至有時還需要等待時間慢慢過去，諮商師願意陪伴、可以聆聽，至少當事人不會覺得自己是孤單、孤立無援的。我常常在諮商現場遇到當事人，當他們把自己心裡的想法或是怨氣發洩了之後，其實問題就解決了一半，因爲不必積壓在心裡，感覺輕鬆許多，因此可以花更多的心神在實際的問題處理上。

10 我的朋友常跟我提他不想活了，我認為他應該是認真的，帶他去諮商師那裡有用嗎？如果他不去呢？我該怎麼辦？

身爲朋友，你留意到朋友的情緒變化，也將他表達的自毀意思當眞，的確是很貼心的一位知己，而你的擔心也是對的。許多想要輕生的人，在眞正執行自殺計畫前會有一些暗示，這些都是求助的訊號，只是許多人都認爲不是眞的，或當對方只想要引起注意，而忽略了這些重要的線索，造成事後的悔恨。可以的話，帶他去見精神科醫師或是諮商師都可以，做做初步的檢視與會談，如果醫師開藥給他，也請他同時見諮商師，因爲這樣雙管（身心理的照顧）齊下的方式，他的復元會更快。

因爲一般人若有輕生意圖，常常都是怕他人知道，這樣承受很大的壓力，諮商師會很有技巧地確認他是否有自殺意圖與計畫，通常只要有人問起，他的心理壓力就減少許多，接下來才可以就他所擔心的議題做具體討論與解決。如果他不願意去見諮商師，那麼就詢問他是否有輕生念頭？有什麼難解的問題？你可以幫什麼忙？也要聯繫與發動他周遭的支持網路（像是家人、朋友、同事），密切注意他的行爲，同時也給他適當的關懷與協助，如果情況不佳，必要時讓他強制住院，可以及時挽救一命。

11 付費的方式如何？每一家價錢好像不一樣？

諮商是一種專業，一位合格可執業的諮商師也經過多年的養成訓練，因此收費是合理的。此外，若是當事人付費、也較願意負起讓自己更健康或是痊癒的責任。各縣市因爲經濟狀況與個人收入不同，因此會有一些價差，像北、高兩市諮商資源較爲豐富，一般市民收入也較高，所以諮商費用因此會較高，其他縣市則會依情況而有不同的收費，目前因爲沒有政府機構統一收費標準，因此價格很凌亂，台北市可能一小時從一千到五、六千不等，其他縣市可能是從一千到二、三千。有些大的機構可能是收現金或是信用卡，也有給長期會員或當事人優惠的條件（如五次有一次是免費，或是有折扣優待），也有因爲經濟條件因素而採分期付款方式的，關於費用方面，當事人也可以與諮商師商議、妥協，看諮商師或該機構能不能接受，當然也要當事人可以負擔。

12 與諮商師的關係應該如何？

當事人與諮商師之間的關係是「治療」關係或「專業」關係，諮商師有完全的責任去維護這樣的關係，倘若諮商師「違反界限」，要求與當事人建立或發展專業以外的關係，基本上是不被允許的，這也是許多諮商師後來違法、吃上官司的主因。女性主義治療對於這方面的約束較爲寬鬆，主要是因爲其基本理念是讓每位當事人最後都可以爲自己挺身而出，甚至協助他人發聲，進而改變社會上不公義的情況，因此之故，以前的當事人可能與諮商師會同屬一個單位或是團體，共同爲社區福利努力。

許多當事人會因爲與諮商師接觸之後，發現自己可以被充分了解、被認可與欣賞，自然會對諮商師有不同的看法，甚至有仰慕之情，然而這是諮商師專業上應然的表現，不應該對諮商師有「治療關係」之外的遐想，甚至有當事人會因此而「愛上」諮商師，如果遇到不專業的治療師，可能會要求當事人與其有其他的關係發展（如性關係、親密關係或交易買賣行爲），當事人就必須要通報該機構或其負責單位與負責人、或諮商師公會，這是爲了當事人的福祉做考量。

我們在大學擔任諮商師訓練工作，同時也不能怠忽臨床方面的專業，因此基本上也會在學校或是附近社區擔任兼職諮商師，但是也會嚴格注意可能的「雙重」或「多重」關係所造成的問題。像是我同時是教師也是諮商師，偶而在校園內會遭遇到以前或是現在的當事人（學生），除非當事人願意主動跟我打招呼，我才會有回應，要不然當事人「視若無睹」，我理當也該如此，因爲在諮商現場我會告訴當事人：「如果在校園內或是學校附近碰面，不跟我打招呼都可以，因爲會擔心你／妳當時身邊有其他的人，他們或許會懷疑我們之間的關係，這樣就容易讓你／妳曝光，因爲有些人並不希望家人或其他人知道他／她去找諮商師。如果你認爲可以跟我打招呼，不怕洩露秘密，那麼我也會尊重。」

13 若是受到傷害該怎麼辦？

諮商師守則第一條就是「不傷害」，進而要爲當事人謀求福祉。當事人若是在治療過程中感覺受到諮商師的傷害（言語、態度、心理或身體），不要默不吭聲，一定要反應給該治療師或機構知道，如果諮商師是單獨執業，我們還有台灣輔導與諮商學會等機構可以接受申訴，遏止「不專業」的同業繼續其傷害行爲。諮商師基本是要保護當事人，爲當事人謀求更高的福祉，因此當事人的感受是非常重要的，如果「助人者」反而成爲「加害者」，其負面影響更爲嚴重！當事人要明白諮商師是「醫事人員」，有其需要遵守的專業倫理，而且目前正在醞釀醫事人員也需要投保（如同美國），爲其可能的不專業行爲負責與賠償，因此只要違反任何的倫理行爲，當事人都有權利作申訴。

在諮商專業倫理中，諮商師絕對要避免與當事人發展親密或性關係，收受禮物或是以物（服務）易物（服務）的方式也要多加考慮，若是諮商師做的研究或宣導讓當事人覺得自己身分曝光或是受到二度傷害，也都可以申請賠償。

14 諮商師真的可以為我保密嗎？

有不少人擔心諮商師拿他／她的事情當作茶餘飯後跟朋友討論的話題，前面提過，基本上諮商師是爲當事人保密的，這是諮商師應該遵守的專業倫理，也是治療信任關係之鑰，因此所有的晤談內容都可以獲得保障，只是也有例外（這些例外諮商師在諮商初期都會說明，也載明在諮商契約上）。有些人則是擔心諮商師無法「有效保密」，這些也盡可以放心，因爲唯有諮商師願意保密，當事人也才能放心說出自己的困擾，繼續進行治療，倘若諮商師無法做這樣的承諾與行動，除了需要接受處罰之外，我不相信諮商師還能繼續執業而不受影響。當事人對於自己的紀錄有保密權，也就是未經過當事人書面上的同意，其他人都不得接近或取得當事人的資料，除非諮商師受到法院法官的傳票等法定的情況下，必須要透露當事人的談話內容或情況，要不然諮商師會一直保密，即便當事人死亡也不例外。

15 家族治療是一家人都要出現嗎？

雖然名爲家族/庭諮商，但是並不一定要全家/族列席才可以做治療，因爲這樣的機會不大。家庭/族治療的關鍵理念就是：家庭/族是一個系統，每個成員都是這個系統的一份子，受到整個系統的影響，也相對地影響這個系統，因此可能「牽一髮而動全身」。只要家庭中有一個人出現問題或是徵狀（所謂的「被認定病人」），可能就反映出家庭的問題，而年紀愈小的孩童更容易受到系統的影響，然而因爲人微言輕、認知與能力不足，但同時又認爲自己是家庭一份子，應該有所承擔，所以會將這些問題「表現」出來，甚至讓自己成爲一個「問題」所在。像是父母爭吵，可能有個小孩就會常常出現在學校的問題（藉此分散父母親的注意力），或是本身會生病，其目的也許是引起注意或轉移父母親的注意、身心症（因爲心理壓力太大轉換成生理上的徵狀），或是企圖解決問題。

此外，也因爲家庭是一個系統，因此只要其中一個小部分做了改變，也可能影響其他部分的變化，而有更多人參與、改變與行動的力量就更大。雖然有時候我們會認爲將當事人（如家暴目睹兒）「放回」家庭、繼續受苦，當事人一木難支大廈，很容易就挫敗或是被打敗，然而我們也相信當事人是有力量的，他/她一個人的改變雖微不足道，但是他/她也可以影響周遭的人，甚至結合大家一起努力；最差的情況是：當事人不會再像以往那樣感覺到無力、無望，也相信改變的可能性。

倘若家中有人是加害者（比如父親，不管是暴力或是性侵害），可能加害者受到懲罰的同時，通常受害者會變成「破壞家庭」的代罪羔羊，其處境非常艱辛，因此也需要讓受害者（比如孩子與母親）做一些必要的治療（像是母親如何保護孩子不會再度受害、親子之間的關係如何修復、母親要如何協助孩子自我保護等）；有些情況下，可能家族成員會復合（或是加害者要回到這個家庭中），那麼受害的孩子與家人要如何調適？有些家暴家庭的配偶決定要繼續維持婚姻、或是近親亂倫的父親要重回家庭（可能因爲母親一人無法維持家計、或是家人想要維持完整家庭），在這些動作之前都需要做一些預防與準備工作，不要讓受害者再度受害，這些都可以與諮商師面談時做處理。

16 諮商師是一個陌生人，而當我們面對一個陌生人，是不可能說出什麼真心話的

這就是諮商師功力與專業訓練的不同，許多第一次見到諮商師的人或多或少有這樣的懷疑，甚至抱持著防衛的心態，但是許多人有了第一次面對諮商師的經驗後，觀感大不同！他們自己也很驚訝爲什麼願意打開心防，讓一個陌生人一窺自己的私密？也許因爲諮商師展現了他/她的專業，加上簽訂了保密契約，所以讓當事人可以卸除防衛，對諮商師掏心掏肺，這是諮商師的「特權」，卻也是要特別小心使用的。其實相對於許多網路的互動，不少人平常不敢對家人或親近伴侶說的話，卻可以在網路上告訴不認識的陌生人，這是因爲網路的「匿名性」（不容易洩漏自己的身分）讓網友覺得安全，但是諮商基本上是面對一個全然陌生的專家，當事人卻可以慢慢卸除防衛與擔心，與諮商師討論自己關切的議題或疑問，的確也說明了助人是一項專業，也是可以信任的專業。

17 去諮商的人都有問題或「不正常」？

從學校輔導室開始，許多學生誤以為只要進入輔導室或諮商室就是代表自己是「有問題的人」，很擔心別人怎麼看自己，更有甚者，還有人以為去諮商是「有心理疾病的人才去」，這樣的誤解也讓輔導蒙上不白之冤，也是我國輔導與諮商助人專業受到「污名化」的主要原因。

當然每個人都不喜歡被他人視為「異類」或是「有問題的人」，然而生活中總是會遭遇一些問題，可能自己認為處理不佳，或是對自己有許多的不了解，甚至是與周遭人對自己的看法迥異，所以想要去探討究竟是怎麼一回事？這些也都是諮商師可以處理的範圍，老實說總是比最後要進醫院治療好吧？

許多自己不想讓家人擔心、或者是沒有其他人可以商量的議題，找個專業人員談談，其實也是讓自己可以從別人的看法中，思考一些自己沒有想過的，不也是收穫？想去尋求協助的人怕被他人視為「異類」或「不正常」（「被標籤化」），因此即使需要協助，也遲遲不敢踏入輔導或諮商室，延宕愈久，要處理的問題就更嚴重。這也是本書希望可以透過這樣的說明，讓一般民眾可以更清楚諮商服務的眞正意涵，進而願意去求助，也不會覺得丟臉或是無能。

18 去做諮商之後是不是就可以「痊癒」（或「問題都可以解決」）了？

諮商不是萬靈丹，就像是醫生不能醫治所有的病人一樣，因此不要對諮商有不切實際的期待。許多諮商是配合其他助人專業（如社工或精神醫生）做更爲完整的修復或緩解動作，像是有情緒障礙者，除吃藥外，諮商師可以協助其更有效的學習與人際相處，或是曾有自殺企圖者，除了有精神醫師的開藥協助外，諮商師也可以針對其眞正的困擾議題做處理。任何問題或困擾經過「處理」總是比不處理要好，何況在諮商現場，有一雙專注又會傾聽的耳朵在那裡，當事人可以暢所欲言，至少把情緒或是苦水發洩出來，對個人的身心健康是有助益的。

許多民眾對於諮商有迷思，然而我們也發現許多來接受諮商服務的人通常是覺得自己「走投無路」之後才來，因此他/她所累積的問題也較大，需要更謹慎處理。因此，倘若問題或是困擾還小的時候就可以找諮商師一起處理，也許就不需要這麼大費周章，所以儘早來找諮商師愈好，要不然問題像滾雪球一樣會愈滾愈大，要做更好的處理就更不容易！

許多時候，諮商是配合其他的助人專業一起努力，讓當事人恢復或進步得更快，像是警察、檢調單位、醫師與社工師或諮商師的合作處理家暴事件。有些人對諮商有不切實際的期待，甚至是在求醫多次未成之後，才轉而找諮商師協助。我自己也曾經遭遇過一位憂心的母親，女兒已經待在家中很長一段時間，她束手無策，所以就打電話來求助，而且不由分說，要我直接與她女兒對話，近兩小時之後，我請女兒將話筒交給母親，我是想告訴她：女兒還需要按時去見精神醫師開藥、穩定情況，這位母親的反應卻是說：「妳這樣跟她說都沒用了！妳還說有用？」我了解家裡有一位病人的辛苦，因此沒有辯駁，還是好聲好語勸她持續帶女兒去看醫生。所以，如果有情緒上或是診斷上的疾病，還是需要在藥物協助的同時，進行諮商服務，雙管齊下，療效才更可預期。

19 如果我去找諮商師，但是諮商師認為我的問題不是問題，是我自尋煩惱呢？

基本上諮商師不會犯這樣的錯誤，也不應該犯，除非有些諮商師不專業。諮商師對於來求助的當事人所關切的議題都當成一回事，不敢輕忽或小覷，如果諮商師讓你/妳有這樣的感受，你/妳可以做釐清與申訴動作，因爲你/妳的權益受損。有時候諮商師會先看到問題的潛因，但是當事人正在爲問題而掙扎，所以還沒有看到，也有可能會被當事人誤以爲自己的問題「不重要」或是「微不足道」，當事人可以直接與諮商師作澄清，若是感覺還是受到委曲，就去找申訴的管道或負責單位。諮商師將當事人所關切的議題都視爲眞，不管其大小，也會認眞協助當事人做最好的處理，倘若諮商師不重視當事人的問題，將其視爲小事一樁，那麼也枉費其擔任助人工作。

20 學校的輔導老師也做諮商嗎？

一般國中、小學有所謂的「輔導老師」，不一定是諮商專業背景，但是多少有輔導背景，因此他們所處理的，基本上是較屬於教育、預防的第一級工作，也就是在事情未發生之先、或是事情發生之初做處理，以防問題更嚴重。有些國中、小的輔導老師也做諮商工作，家長或是當事人可以先詢問其背景與經驗就可以了解，若是需要諮商服務，也可以請輔導老師協助轉介。

公立高中的輔導老師專業背景較完整，也多半有諮商師執照，因此是可做諮商服務的，但是其他公私立高職或是中學，其輔導教師的編制就不一定，有的是完全與輔導無關的背景，因此要詳細了解之後才能做決定。大學裡的輔導老師基本上是較爲專業的，有些可能只是「認輔」老師，就不一定有諮商背景，當事人在選擇時可以先釐清、了解。

21 我是一般民眾，需要諮商服務要找誰？

目前各縣市幾乎都有「學校心理衛生中心」，調任教師爲主管，底下有人數不一的諮商師或社工，通常是處理學校輔導老師不能處理的案件，只是大都是經由「派遣」方式進入學校做定期服務，因爲人力不足，所以常常「供不應求」。有少數縣市（如台北、高雄）有「社區心理衛生中心」，提供服務給一般民眾，可能免費或是收費較爲低廉，有些公私立醫院也設有心理師與諮商師，需要的民眾可以直接詢問；北、高兩市民眾對助人專業較有概念，也有較多的諮商需求，因此有些私人心理衛生機構或診所專門提供諮商服務，其他縣市不管是公立的心理衛生中心或私人診所，相對就非常稀少。

一般非直轄縣市可以詢問衛生局或是社會局，可能會知道諮商相關服務。現在網路很發達，民眾可以先上網找找，搜尋提供諮商服務的相關機構與地點。有些議題也許可以先以網路或電子郵件方式詢問，或許不需要親自去見諮商師。

22 我的諮商師是實習生，感覺很不專業

諮商師都是從「準諮商師」走過來的，也就是會經過「實習」階段，而實習生都是在有照、資格符合的督導底下工作，若是有問題，督導也會負起全部的責任。所有的諮商師最好的老師就是當事人，從新手的準諮商師開始，就接觸許多的臨床個案，也藉由這些臨床的實務經驗，犯過錯誤，也修正錯誤，才有可能慢慢成熟。

有些機構或是學校會讓研究所三年級的學生實習，而機構或學校本身會提供合格的督導。因為準諮商師也需要透過實務的實習，才能慢慢成熟，而每一位諮商師也都經過實習的訓練，因此，偶而也會將案子派給實習生，而許多實習生其實也是戰戰兢兢，自信不足、又深怕自己做錯，不少實習生也可能擔心自己能力是否能解決當事人的問題？而若是自己有議題未能解決，是否會影響諮商效果？如果你/妳認為你/妳的諮商師需要符合某些條件，那麼請直接與該機構說明，機構基本上會儘量配合你的要求，而有些

實習生其實也會有駐地督導在一旁監督與協助下，進行諮商工作。此外，也要謝謝你／妳願意給實習生機會磨練自己的臨床經驗，諮商師與其他許多專業人員一樣，也是需要許多當事人給予機會，才可能讓自己的專業知能更進步！

23 我的諮商師太年輕了，簡直可以做我的女兒，她怎麼可能知道我這個走到半百人生的人的困境？

許多剛出道的諮商師可能限於生命與臨床經驗不足，並不一定可以適當處理所有當事人帶來的問題，但是假以時日，他們也可以慢慢淬鍊成不錯的專業助人者。有些當事人可能會觸及家庭或婚姻問題，倘若眼前的諮商師未婚，或是沒有親密關係經驗，當事人有質疑是當然的，只是有些經驗並不一定要實際經歷過才知道如何處理，就像是醫師也不需要生過許多疾病之後才了解如何協助病人一樣。因此，當事人也不需要只因爲諮商師年紀較輕、就「認定」她/他不能處理一些問題，像是不少諮商師曾經服務過性侵受害者，或是處理過許多藥癮、家暴、離異或單親家庭或是性取向相關議題，即便諮商師本身沒有遭遇過性侵害或是家暴，但是對於這些族群的人了解甚深，當然就有能力處理類似的問題。如果你/妳擔心諮商師可能不了解你/妳的問題，請不要客氣，直接向機構或是諮商師提出質疑，或者是請他們爲你/妳替換一位更稱職的諮商師。

24 諮商師能做與不能做的有哪些？

有時候諮商師會先看到當事人「嚴重狀況」的先兆（如已經出現情緒不佳的情況有兩週了，可能是「憂鬱症」的前兆），會希望藉由專業的協助讓當事人更有能力去適應生活，但是卻常常碰到當事人不領情的結果，所以會啓動一些危機防範機制，希望可以先一步將「災害控管」到更佳的地步，當然也不是每次都如願。換句話說，「諮商」如果是「伸手」的動作，還得要當事人願意讓我們握住，那麼協助之旅才可以開始。

雖然「諮商」對於自願型當事人的效果會較佳，因爲當事人是主動求助，在「動機」上就較強烈，也會比較願意改變；然而，在學校或是接一些特殊案例（如家暴或性侵）的諮商師，常常是遭遇到「非自願」（也就是第三者轉介或是逼迫來的）當事人，即便如此，諮商師還是會努力與當事人建立好治療關係，進一步達成目標，只是有時候想要達成的目標是不一樣的。

像是老師轉介學生來是因爲學生「曠課、不守校規」，所以要諮商師「治好」學生，但是諮商師會有這樣的思考出現：（一）既然老師們都努力了這麼久，還不能讓學生改變，怎麼可以期待諮商師在短期之內改變學生？（二）諮商師的目標是「當事人」，不是轉介的老師，因此應該以當事人的福祉爲第一考量，所以諮商目標也是以當事人想要的優先。（三）諮商師可以與當事人商議諮商目標，改爲讓當事人在學校的生活更順意，那麼也就吻合了轉介老師與當事人的共同利益。通常諮商師與老師的角色不同，因此與當事人建立的關係與方法也有極大差異，這也就是諮商師專業能力之所在，一旦當事人發現諮商師與老師是不同的，是以當事人爲主體，他／她願意合作的意願就更高，也就是說明了後面的療效會更好。

我曾經在一所國中擔任義務諮商師，學校給我的都是積習已久的案例，像是記滿大過、卻「輔導轉學」不成的當事人。我的立場很清楚，一非學校老師，二是要來幫忙的，因此在與學生建立關係時少了許多的包袱。有一位理平頭、個子中等的國三學生一進來，就非常大方地坐在沙發上，一副要看我怎麼做的模樣，我於是先請教他「垮褲」的穿法（因爲他將運動褲當成垮褲在穿），還詢問他爲何不會讓褲子掉下來？學生愣了一下，接著就非常歡喜地與我分享他是怎麼穿垮褲的，還帶著示範動作。我讚揚他鉅細靡遺的說明，接著詢問他拿手的是什麼？我們於是就從「垮褲」聊到他曾經是田徑選手的「爆發力」，然後我就請教他在學校如何展現他的「爆發力」。我只見過這位學生三次，後來他決定參加學校的建教合作班，繼續升學，而我也在這位學生身上學習到他的優勢與能力，這樣的結果不管是校方或是當事人都很滿意。

諮商師會依據不同當事人的困擾與特質，打造適當的介入計畫與方式，其最終目標就是讓當事人願意做改變，讓自己的生活更愜意。有時候，諮商師也會遇到瓶頸、拿不出較好的對策，但是我們也會等待，等待適當的時機作介入，或是讓當事人看見改變的必要性。新手諮商師常常會碰到當事人類似的詢問，如：「妳沒結過婚，怎麼知道結婚的辛苦？」或者是「你又沒有被欺負過，怎麼會知道我的痛苦？」其實不要將問題「個人化」是最重要的考慮，換做我會直接坦承：「是，你/妳說得對，我的確沒有被欺負過，但是我卻見過許多被欺負或是欺負人的，我可以了解你/妳的處境，也許我可以將別人的經驗告訴你/妳，你/妳也可以試試看。」

25 只要聊天就可以找出問題癥結、解決問題嗎？

諮商雖然被稱爲「談話治療」，但是與一般人的聊天不同。其一，它有目的性，不像一般聊天可能只是打發時間或是聯繫感情，諮商的目的是要協助當事人釐清問題、解惑，以及解決問題。其二，諮商師與當事人的關係不是一般的社交關係，而是專業的治療關係，因此諮商師有其專業與倫理責任需要注意與遵循，掌握界限的範圍。其三，諮商師大部分雖然是以「聊天」方式進行，但是其與當事人的對話都是經過訓練養成，有其目標與策略，有時候會發現當事人沒有注意到的盲點，或是新的看法，這些都有助於協助當事人做問題解決，但是要注意：解決問題的關鍵人物是當事人，因此想要做改變也是當事人的意願，必須要當事人願意採取行動去解決問題。

26 我會怕去找諮商師，因為會懷疑諮商師聽了我的話對我是否會有另一番批評、想法，或者無法保守秘密

諮商師會尊重與接納當事人所呈現的所有情況，「批判」不是諮商師會做的行爲，雖然有的諮商師可能因爲當事人的想法或是自責太深，會做一些善意的面質，但是基本上諮商師不會、也不需要批判當事人。

諮商師在蒐集資料的同時，也會做整理與思考，如果有不清楚或是困惑之處，也會請教當事人，這些都不是批判，其目的是希望讓自己蒐集的資訊更完備，可以更明白當事人的情況，因此你／妳也不需要擔心諮商師會對你／妳個人、或是你／妳提出的關切問題，有任何輕蔑或批評。

27 諮商師可能會認為自己的想法不對，應予改正

諮商師基本上不會去評判當事人的觀點是對或錯，但是如果是違反法律或有可能會傷及他人的，也許會做適度的提醒。諮商師不是評分者，因此當事人不必擔心諮商師會對自己的想法或是感受有批判，諮商師最基本的就是提供對於問題的不同看法或是觀點供當事人參考或思考，但是這也不包含批判。有時候諮商師會對一些老是把箭頭指向自己的當事人有一些提醒，像是告訴當事人他/她的優勢與能力爲何？或是提醒當事人不要只是看到事情負面的一面，這些動作的目的也不是對當事人的想法作修正，而是提供當事人另一個角度看事情。

28 諮商師為我做了測驗，我是不是應該遵照測驗的結果去做？

有些諮商師有專業心理測驗或是衡鑑背景，也會做相關的測驗，然而基本上「測驗」只是蒐集當事人相關資料的其中一種途徑，不能以一種或一次測驗的結果來做重要的決定依據。有些諮商師會注意到當事人可能有異常情況，他/她會先做觀察，同時也徵詢當事人的家人或是重要他人的日常觀察與發現，接著才可能爲當事人做進一步的測驗，若是更確定之後，可能還會轉介醫師或相關專業人員作最後的確認動作，整個流程與步驟是相當嚴謹的，不是光靠一個測驗就斷定。

像是如果你/妳的孩子就學之後，許多表現不如一般同齡的孩童，老師也發現一些端倪，暗示你/妳孩子的發展可能較爲遲緩，需要做進一步鑑定，但是許多家長都不願意承認自己的孩子需要做這樣的動作，萬一鑑定出來是眞的，該怎麼辦？別人怎麼看我這個家長？或是我該怎樣教育我的孩子？爲了讓孩子有更好的未來，我還是建議家長去做進一步鑑定，如果孩子眞的是學習遲緩，現在的科技與學習機制都可以做許多補救，不必擔心，趁早安排孩子有機會做更好的學習與訓練，他/她就不會落後太多，造成往後更大的問題與困擾。

29 諮商師解決不了我的問題，他／她聽完只是給我一點點的回應，並不能解決我的問題

當然有人是不相信諮商師可以替當事人解決問題的，這個說法對了一半。

諮商師不能「爲」當事人解決問題，因爲他／她的功能是「協助」當事人舒緩情緒、提供觀點，而眞正解決問題的人是「當事人」本身。「問題」是當事人帶來的，因此「解鈴還須繫鈴人」，解決問題的關鍵人物還是當事人，想想看當事人走出諮商室面對生活，如果當事人一遇到問題或困境就必須回頭找諮商師解決，這表示什麼？當事人無能？還是需要萬能的諮商師？人生就是不斷地遭遇問題與解決問題的過程，因此讓當事人更有能力去面對與處理問題，才是諮商的關鍵！

30 被認識的人看到我去尋求諮商，別人也會覺得我有問題

這也是爲什麼輔導與諮商服務被污名化，不能被善用與發揮其應有功能的主要障礙。我們是個「集體文化」的社會，很在乎從眾，怕自己不一樣，也在乎自己或是家人的面子，怕丟臉，所以即使有一些困擾或是問題，總是關起門來自己試圖解決，如果無法做更適當的處理呢？先找自家人商議，很少願意向外求助，這種種因素也造成沒有好好處理的問題愈來愈嚴重，影響個人身心健康與日常生活更甚。

每一位踏入諮商室求助的當事人都很勇敢，因爲要打破這些既定的刻板印象不容易，然而他/她同時也有極大的改變動機，諮商師都會熱烈歡迎這些當事人的出現。有時候去想一想：是問題獲得解決重要？還是面子重要？此外，許多人都過度擔心有人看見自己去求助，絕大多數的諮商機構的出入口都是很單一、隱密的，而且諮商機構並不只是處理「有問題」的人或是事件，它是一個「專業」單位，況且沒有來求助的人並不

表示他／她是沒有問題的啊！連諮商師本身也會去求助，因爲我們也是人類社會的一份子，也會遭遇與一般人一樣的生活問題或困擾，同時我們也需要讓自己的問題獲得適當處理之後，才有更大的力氣與能量協助當事人，因此當事人自己若可以突破這一層心理的迷思，其他的也就不會在意了！

31 我可以仰賴諮商師解決我所有的問題嗎？

諮商基本上是相信當事人有解決問題的能力，只是因爲此時此刻遭遇瓶頸無法施力，所以可以藉由第二個人的生命經驗與助人專業，來看同樣的問題，也許會有不同的思考與解決方式。諮商師也是人，不是萬能，有時候儘管諮商師也無法立即對當事人面臨的問題有更好對策，但是至少可以聆聽、陪伴，讓當事人可以走過生命這段艱困時段而不孤單。

但是諮商師不是可以完全仰賴或依靠的，也許在諮商初期，諮商師負責的部分較多，但是慢慢地，諮商的責任就會轉回到當事人身上，因爲去面對問題、做出因應對策與行動的還是當事人。諮商師不會放手讓當事人孤單面對困境，也不會養成當事人依賴的習慣，因爲萬一諮商師不在身邊，或是無法協助，當事人就無能解決自己的困境，這不是諮商的目的。諮商的目的是協助當事人可以重新啓動自己的能力，釐清或是切斷一些可能的阻礙，然後有更多的能力與信心去面對生活與生命給予他／她的課題。有些當事人以為諮商師能在分析完事情後幫他／她做選擇或決定，其實諮商師會協助當事人將許多選擇的優劣與後果作分析，讓當事人可以更清楚自己想要的，並為自己的選擇負起責任。

32 諮商可以改變我嗎？

這個問題就像前一個問題一樣，諮商是「助人專業」，但是眞正改變的動能是當事人本身，若是諮商師仔細分析了、當事人有改變的必要性，而若當事人不願意啓動，改變還是不會發生，就像是許多當事人前來其實是要其他人做改變，像是「我兒子眞是太叛逆了，你/妳可不可以讓他不要這樣？」明智的諮商師可能會建議：「請你/妳將你/妳認爲需要改變的人帶來。」而有些當事人會悻悻然道：「要是能改，我何必來？」是啊，諮商師可以說服改變的是出現在諮商室的當事人本身，而不是沒有出現在治療現場的人啊，總不能「隔空抓藥」吧！只不過，如果當事人願意從自己這裡開始做一些不同動作或改變，是有可能引起「漣漪效應」，周遭的人也會有一些異於以往的動作或反應，甚至就是改變的契機呢！以下我舉個案例來做說明：因爲伴侶溝通不良的妻子前來求助，她告訴諮商師：「妳可不可以讓我先生知道怎麼說話不會刺傷人？」

諮商師問：「妳先生說話的方式，可以舉一個最近發生的例子嗎？」

「像是他叫我去辦事，我只要做得不如他的預期，他就會開始說我很笨，他當初不知道是瞎了狗眼之類的。」

諮商師問：「妳的反應是什麼？」

「我當然是罵回去啊！誰會忍受這樣的羞辱？」

「然後呢？妳罵回去之後呢？」

「我們就吵起來了！」

「好。是每一次都這樣嗎？」諮商師問。

「幾乎吧！」

「那妳喜不喜歡這樣的結果？」

「當然不喜歡！我不喜歡吵架，兩人感情變不好，孩子也會很難過。」

「好。」諮商師道：「這次妳回去要不要試試不同的反應方式？像是走開、笑一笑，不要再罵回去？」

「可是，這樣做會怎樣？」

諮商師說：「不知道啊！沒試過怎麼會知道？如果妳不想要像以前那樣爭吵，就試試不一樣的反應方式。」

「可是，要改變的不是我啊！」當事人說。

「那麼就請帶需要改變的人來，我無法隔空抓藥。妳之所以出現在這裡，是因爲妳想要改變，但是只有妳先改變，才有可能讓對方改變，而且改變自己比改變別人要容易多了，不是嗎？」

我們可以改變的是「自己」本身，如果因爲你/妳自身的改變可以引發周遭他人改變的「漣漪效應」，也是諮商師所樂見！

33 我怎麼可以去求助？自己的問題自己無法處理，還要去請教別人，這不是很沒有面子、很丟臉，還是告訴別人我是無能的？

有些人不想去求助，是因爲自己的尊嚴，以及擔心他人怎麼看他／她。但是去求助諮商師，基本上只有當事人自己知道，而諮商師也有保密的責任與義務，所以沒有所謂的損及尊嚴或是沒面子的問題，這些都是當事人給自己找的理由。

想想許多諮商師在未成爲諮商師之前，也可能對諮商這一行存有許多的疑惑與誤解，然而當他們自己在接受訓練期間，有機會去接受諮商（有些諮商師訓練課程會要求準諮商師自己去嘗試諮商），許多的迷思都會釐清；此外，若是助人者自己不相信助人專業是有效的，那麼爲什麼要從事這一行？又怎麼期待別人會相信諮商？再者，助人專業者若沒有擔任當事人的經驗，又如何懂得當事人（求助人）的心情？

許多當事人在面對諮商師之初，或許還有焦慮與不安，這是正常的，但是一旦進入諮商過程，絕大部分的當事人是很放心、很輕鬆的，甚至還會懷疑自己怎麼就這樣「相信」一個「陌生的」專家？而且還在諮商師面前痛哭？如果你/妳對諮商有疑慮，建議你/妳去試試諮商，試過以後再說吧！

34 諮商是去探索自己內心最黑暗的、最不堪、甚至是最不想面對的部分？

諮商不是執意去探索一個人的黑暗面，而是協助當事人做自我整理。

每個人因爲過去的經驗與被對待的方式，心中都有一些傷痕，許多的傷口可以經由時間與自我療癒方式復原，但是有些傷口卻只是被忽略、壓抑或是掩埋，卻一直存在，這些傷口有時候在遭遇類似事件、或者是在自己情況不佳時，偶而會突然竄出來，干擾我們的生活與因應能力（像是曾經在家裡受到忽視的人，在親密關係中也許會不由自主地想要得到另一半的注意，久而久之，對方可能會覺得無法適應，而採取忽視的方式，卻也勾起了當事人的舊創，認爲伴侶愛他／她不夠），因此爲了避免過去沒有處理好的事務（或是「未竟事務」）影響自己目前或未來的生活與身心健康，可以藉助諮商的服務來做較爲妥善的處理，讓這個傷口對後續的影響減少。諮商師不會讓當事人有「二度受創」的危險，因此當事人大可放心！

有時候當事人會認爲自己揭露的是屬於自己最不堪、最脆弱的部分，這樣子在諮商師面前不是很沒面子、很無能、很懦弱、很不安嗎？諮商師都了解這樣的情況，因爲諮商師也是人，也會遭遇同樣或類似的問題，但是他/她不會因此而「鄙視」當事人，反而因爲自己也是人類社會的一份子，也會有類似的遭遇，因此更能同理與了解當事人的情況，對於當事人面對的困擾更能感同身受。其實只要當事人開始開口，情緒上的不安與擔心，會隨著諮商過程慢慢平撫，且漸入佳境！

35 如果我在諮商時哭了不是很沒面子？

第一次去諮商的當事人，有些不認爲自己有問題，有些認爲自己的問題不嚴重，甚至只是想輕輕鬆鬆去「看看」諮商是怎麼一回事？結果，不少人的體驗是完全出乎自己想像的！許多當事人因爲是第一次將自己蟄伏很久的心事說出來，即便也提醒自己面對的是一個專業的「陌生人」，但是還是忍不住情緒激動，晤談後也會提及自己的「意外」反應。其實，諮商師也已經習慣了，也認爲情緒的放鬆其實就是諮商治療的第一步。當事人有這樣的反應，諮商師不會意外，因此當事人大可放心，情緒的解放通常是因爲「被了解」之後的正常反應，有時候情緒獲得宣洩之後，心理負擔會減少許多。

需要被聽見、被了解是每個人的基本需求，因此在諮商室裡，諮商師最基本的功能就是將舞台讓給當事人，仔細聆聽，也做適當的回應。

36 如果我沒有問題，還需要去諮商嗎？

諮商不是「有問題」的人才去使用，許多人對生命或是人生價值有一些疑惑，或者是自我感覺與他人的觀察有極大差距，但是無法找到適當的人來對談或釐清，諮商師也可以與當事人談論這些議題。

諮商師會遭遇的當事人有不同樣式，帶著不同的問題或議題出現，只要諮商師能力可及，自然會盡力協助。像是想要轉系、卻又怕辜負家長意願的大學生，或是男友提出結婚要求、但是自己卻還想享受單身生活的女性，或是覺得生活沒有重心、不知道自己要的是什麼？這些也許不是一般人認爲的「問題」，只是如果可以有適當的人對談，是不是可以減少一些困惑、更清楚目標或方向？許多人可以藉諮商來做自我整理與統整，不一定要「有問題」需要解決才使用諮商服務。許多初試諮商的人，抱持著自己是「沒有任何問題」的心態，結果一見到諮商師竟然發現談著談著，許多久蟄在內心的疑問都出現了，也願意繼續與諮商師面談，將自己的疑問與困惑做釐清與解決，這也是他們當初預料不到的情況，好像諮商師有一把可以打開心裡的鎖。

換個角度來說，有些當事人還會不好意思地問：「我的問題微不足道，不知道會不會浪費你/妳的時間？」諮商師面對的是當事人，而不管問題是大是小，諮商師服務的對象就是當事人，一切以當事人的需求爲主，因此請不要妄自菲薄，有些問題其實也是一般人會思考、面對的，正好也給諮商師一個機會與另一個人做有意義的對話，彼此都可以學習。

37 我怕諮商師認為我是一個很糟糕的人

有當事人會擔心諮商師對其所敘述的事件，影響諮商師對當事人的看法或價值觀，或是會有偏見，基本上諮商師不需要針對某個當事人的價值觀作批判，或是判斷當事人是否爲好人，因爲這不是諮商師的工作範圍，倘若當事人有這樣的疑慮，因此影響自己對諮商師的信任，最好當面與諮商師作澄清。如同上一個問題，有些當事人會擔心諮商師若是了解自己，可能會發現自己的許多黑暗面，而對方可能會認爲自己是一個「很糟糕的人」。其實這些都不會發生，當事人也不必擔心諮商師會瞧不起自己，或是因此而對自己有不好的評價，因爲諮商師基本上是尊重與接納當事人的，而每個人都有黑暗的一面，連諮商師也不例外，諮商師能夠體會我們每個人爲了讓別人對自己有好印象，常常言行不一，也儘量隱藏自己不好的一面。諮商師也是人，因爲專業的訓練與臨床經驗，讓他/她看見更多人性的黑暗面與光明面，也因此對人更寬容、更憐憫，所以不必去做這樣的預想或假設。

38 我這樣去抱怨、倒垃圾，可以嗎？

當事人去找諮商師通常都是有一些困擾與問題，想找人說一說，因此也擔心去找諮商師倒垃圾是不是適當？諮商師喜歡做民眾情緒的垃圾桶，而且認爲這樣的宣洩有時候是必要的，因爲我們一般人在日常生活中總是壓抑太多，積存了許多不必要的情緒，適當的情緒抒發是被容許的，也是必要的，諮商師可以理解這樣的情況。只要當事人在傾倒垃圾之後，可以更清楚自己想要的，願意付出心力去達成，就是諮商師助人的目的啊！

39 我的問題不大，去見諮商師是不是會浪費資源？

諮商是一種資源，也是諮商師的功能所在，諮商師最擔心的是沒有人使用這個資源或是濫用資源，不會擔心當事人所說的「小問題」。我們也常常提醒教育前線的諮商師與教師：如果小朋友的問題可以提早發現、及早治療，就不需要在後期投入那麼多資源！因此，如果在學前就發現有異狀，做最好的處理，相信當孩子慢慢成長，需要導正的狀況就較少，也讓更多資源可以給最需要的人，同時免除了許多社會成本的浪費。

我們最擔心的是：當事人在受不了累積的壓力之後才來求助，因爲問題可能已經很嚴重，需要更繁複的處理與更多資源的投入，成果會打折扣，或是成效不彰。我們的許多資源都是有限的，但是資源可以用到位、在對的時間給最需要的人是最重要的，因此，不要擔心自己的問題不起眼或不重要，及早做處理會更容易解決，也更節省資源。

40 一位朋友的孩子是諮商師，我請她做諮商是否適當？

千萬不要這麼做！朋友的孩子與妳之間就有所謂的「雙重關係」（既是朋友的小孩，又是治療師），妳會讓諮商師很爲難，而基本上諮商師也應該不會接妳這份工作。一來，該如何保密？如果她的母親問起妳的情況，她該如何回答？況且妳與她母親是朋友，許多資訊也許不是從妳這裡得來的，對妳也不一定公平，最重要的是妨礙了諮商師的公正與客觀性，等於是讓她自毀專業；再者，如果效果不如預期，妳會怎麼認爲？會不會損害她的專業及妳和其母親間的友誼？若妳是諮商師母親的朋友，基本上還是讓她回到自己的角色（朋友的孩子），妳可以請她轉介適當的諮商師（但是也不要是與她有關係的人），這樣子於公於私都較好；頂多她能做的就是擔任「諮詢」或「顧問」的角色，給予一些意見（包括介紹妳去見諮商師）。

41 我的孩子在接受諮商，可是我問諮商師孩子所談的內容與進度，諮商師都有所保留，這讓我很生氣，因為我是孩子的媽啊，我有權利知道孩子的情況吧！

非常抱歉，即便妳是當事人的母親，諮商師因爲對當事人有保密的責任，因此雖然妳是當事人的法定監護人，可以了解的資訊也是有限制，但是基本上妳應該知道的訊息都會傳達到（但不是鉅細靡遺），要不然當事人怎麼相信諮商師、暢所欲言？諮商師面對的是當事人（此例中就是妳的孩子），雖然孩子還未成年，但是諮商師要服務的對象依然是以妳的孩子爲主，所以他/她必須要做到保密與保護。萬一，妳的孩子有危險情況（如自傷或傷人）的可能性，諮商師會讓妳知道，也會做適當的處理，因此妳不必緊張。

還有一個情況是，如果家中發生暴力事件，孩子是受害者，而妳是加害者或是不知情，諮商師讓妳知道之後，妳會怎麼處理？會不會可能危及孩子的安全？像在學校，老師是轉介人，然而如果學生在學校是受到老師歧視，因此行為變得不一樣，或是孩子認為老師對他有偏見，當老師來詢問孩子的情況，諮商師會怎麼說，對孩子較好？諮商師總不能如實說出：「那位學生很恨妳」之類的話，因為這是讓學生回到班級上、生活更辛苦不是嗎？老師在學校是重要的角色，學生要自己學校生活適意，最好不要得罪老師，不是嗎？諮商師的目標就是讓學生可以在學校裡更受歡迎，願意來上學，當然就不會做類似的「破壞」動作。

從這個案例中，妳是不是更清楚諮商師的立場與做法？當然我很肯定父母親的心情，想要孩子健康順利成長，如果妳相信諮商師，那麼就放手讓他/她去做吧！

42 已經做諮商這麼久了，怎麼孩子還沒好？

諮商不是狃於急效的治療，其效果也不是立竿見影，況且有些呈現的問題積習已久，不是短時間內就可以看到成果。我們有實習生去學校或是社區單位實習，有些國中小老師對諮商認識不深，還會直接批判學生的實習工作說：「怎麼做了幾次（諮商），學生還是沒有進展？」我通常會安慰學生道：「這個學生在這位老師手下三年多了，也都沒有進步，怎麼可能要你/妳這位實習生在兩個月內改變學生？」

通常所謂的「短期諮商」也需要二、三十次的面談，甚至有人認為五十次以內都還算是短期的治療。諮商的進度不算快，因爲從一開始就要建立良好的「治療關係」，接下來的進度與目標才可能慢慢實現；有些諮商取向（如焦點解決短期諮商），可能需要的次數更少（一次到十多次不等），主要是看當事人進步的情況。家長或是當事人若擔心諮商次數過長，也許會擔心費用問題，這些都可以先與諮商師談論，了解其（或機構）收費原則與所需的諮商次數。倘若眞的是認爲諮商師很「肉腳」（台語）或是不夠專業，那麼請諮商師轉介給其他更適合的專業人員也可以。

有些師長對諮商有不切實的期待之外，甚至不願意與諮商師合作，認爲治療是諮商師獨力的工作與責任。我之前曾經碰到一位母親帶著有強迫洗手情況的孩子前來，當事人進入諮商室不久，我明白一些現況之後，就已經開始做治療，像是詢問孩子何時情況較爲輕微與嚴重？同時問在一邊一直忙著生意、接手機的母親：「我們也常洗手不是嗎？」企圖以敘事治療的角度來介入，讓孩子認爲的問題「一般化」，但是母親的反應卻很不情願與錯愕，讓我不得不猜測：孩子的強迫症會在此時出現，那麼當事人周遭的環境脈絡與影響究竟如何？那位母親可能發現諮商不能「立即見效」，因此我就轉介她去當地的心理衛生中心見精神科醫師。這位孩子最大的支持力量在家庭，因此取得家人的合作，大家可以一起努力讓孩子的生活更能掌控，是我當初的想法，只可惜沒有事先與這位母親溝通，而這位母親也有自己的一些想法吧！

43 出問題的是我的孩子，為什麼諮商師要我也出席？

許多父母親或是師長常常將出現「徵狀」或是「問題」的孩子往諮商師這裡送，有時候諮商師也會邀請家長或老師一起出席。之所以這麼做的原因是：（一）孩子可能只是呈現問題的「代罪羔羊」，真正的問題不在他/她身上（可能是家裡有狀況、孩子無法表達，或是孩子無法適應新環境而產生不適應行為）；（二）若是孩子本身的問題，只靠諮商師本身力量太薄弱，或是微不足道的，要讓孩子回歸正常生活與功能，可能需要家長與老師們的通力合作，這樣孩子可以復原得更快更好！（三）有些孩子可能是生病了，需要長期的協助，諮商師也只是協助團隊的一環，與孩子有更多時間相處的是父母與師長，因此同時讓父母與師長了解孩子的情況，知道該怎麼幫助他/她，效果就更持久！

44 諮商師在晤談過程中可以記錄嗎？

諮商師是否在晤談過程中做一些紀錄或是錄音，都要取得當事人的同意，一般說來要看諮商師的特質或習慣而定。有些諮商師有很好的記憶，因此在晤談全程都不需要紙筆紀錄，晤談完後也可以清楚將過程與重點做摘錄；有些諮商師或許習慣在晤談過程中記錄一些重點或是問題，有時候與諮商師的年紀有關（年紀愈大，即時記憶都需要記下來，以免轉頭就忘記）。當事人若是擔心諮商師可能會因為記錄之故，而忽略了傾聽，或是當事人容易受到諮商師動作的影響，就可以與諮商師商議，找出哪一種方式讓雙方都覺得可以接受？

諮商師的紀錄所有權是屬於當事人的，諮商師或許因為在被督導中、要做個案報告，或是以當事人的案例作研究，都要先跟當事人說明，最好是取得當事人書面的同意，諮商師也要切記：不管是在論文發表或是公開場合，都不應該洩漏可以認出當事人的身分或線索。如果當事人的紀錄需要曝光或釋出（也許是醫療保險，或是法庭證據），也都需要當事人的同意，除非是法官命令，就必須要破壞諮商的保密權。

像是在學校的諮商師，一方面要協助學生，一方面又要向轉介的導師交代，諮商師此時就要考慮：我的當事人是誰？該爲誰負責？學校的諮商師理應是爲學生服務，爲增進學生在校的生活而努力，有時候儘管是導師轉介，但是導師可能會說：「這位學生素行不良，上課搗蛋，根本就是未來的大哥。」而學生方面的陳述卻是：「我們導師恨我，專找我麻煩，我功課不好就什麼都不好，我在學校很難受。」諮商師的目標是讓學生可以更適應學校生活，因此不宜將導師對學生的評語說出，也不需要將學生對老師的評語轉述給導師聽，因爲都於事無補，如果學生與我晤談時提及老師刁難，而導師詢問我當日諮商內容，我可以說：「我們今天處理的是人際關係的問題。」因爲我沒有必要讓學生的處境更辛苦，讓學生與老師對立，要不然距我要達成的諮商目標就更遙遠！

有些當事人（如學生、犯罪人）會擔心諮商師的紀錄讓自己不安全，或是內容讓他人知道，我的作法是：讓當事人看我所寫的紀錄。因爲這是建立治療關係非常關鍵的元素，當事人發現紀錄無關其評估，也會較放心與諮商師合作，不過，若是諮商過程與當事人的一些重要決定（如保釋與否、判刑長短、是否該涉入法律行動）有關，那麼也要注意評估的客觀性，而不是專只偏向當事人一方，釀成更大的嚴重後果（如讓連續性侵害犯重獲自由）。

45 諮商師跟我的宗教信仰不同，怎麼跟我談我的問題？

許多當事人基於信仰，通常要找與自己信仰相同的諮商師是很自然的，同樣信仰的人因爲有信仰做基礎，在互動過程中也較容易建立信任，而許多有宗教信仰的諮商師還可以引經據典，做適當的解釋，讓當事人更容易信服，也是協助過程很重要的元素。

其實諮商師有其宗教信仰或是生命哲學，不一定要與當事人的相符合，當事人若認爲需要與同宗教信仰的諮商師晤談，可以在申請諮商協助時就先提出，若該機構沒有與當事人一樣宗教信仰的諮商師，也許會轉介當事人去其他機構做諮商，如果當事人不是那麼堅持，其實一般的諮商師都會尊重當事人信仰，也不會強迫當事人接受自己的價值觀或是哲學觀，因此當事人大可放心！或許從不同於當事人宗教的角度出發，也可以有不同的思考與學習。

我記得以前在美國實習時，曾有過一位虔誠的基督徒前來求助，因爲她不限定諮商師與她同一信仰，於是我就繼續與她工作，在陳述她四十多年的生命裡有過兩次不美滿的婚姻，還有一對有障礙的兒女，她覺得自己心力交瘁！我當時聽了她的故事也覺得束手無策，我告訴她，她是一位好母親，但是似乎不能說服她；第二次晤談時，我於是問：「如果妳這一雙兒女是生長在別人家，現在是什麼情況？」這位母親淚如雨下，直呼她不敢想像，說孩子一定會很辛苦！我這才問道：「可不可能是妳的上帝認為把這對兒女交在妳手上，祂比較放心？」她這才願意承認自己的確是好母親，把一雙兒女照顧得很好，孩子現在才有不錯的發展，最後我說：「可不可能是一種『恩賜』（gift）？」她點頭同意。

46 諮商師要怎麼跟孩子做治療？

孩子限於認知、語言等的發展，可能「談話治療」有些運用不上，但是不用擔心，諮商師受過專業訓練，有些還對兒童族群特別熟悉，他們知道要如何與孩子建立關係，也會利用其他的表達性媒材協助孩童進行治療，也有諮商師對於某些取向（如遊戲治療、藝術治療、肢體律動治療、音樂治療、敘事治療等）學有專精，都可以適度運用在兒童身上，而這些治療的對象也不限於兒童族群而已，青少年至老年都適用。

47 諮商與諮詢的區別在哪裡？

「諮商」所面對的是（自願或非自願的）「當事人」，協助當事人了解自我，願意做適度的改變，讓自己的生活更好。「諮詢」則是與來談者（當事人）共同商議對策去協助「第三者」，像是家長會諮詢老師該怎樣協助學生的課業或行爲，學生就是這裡所謂的「第三者」。

舉例來說，諮商師可能會協助教師處理校園的危機事件，或是班上有過動傾向的學生。「諮詢」提供建議讓當事人去協助學生或孩子，是處於「顧問」的立場，不像諮商是直接提供服務給需要協助或改變的對象。

48 只要去學一些技術就可以成為諮商師了？

諮商師要經過嚴格的專業訓練、認證考試，還要持續接受繼續教育與督導，不是光學一些技術就可以成師，社會上的其他行業也是如此，有時候有技術、沒有心，也只能稱爲「工匠」而已，不堪爲「師」！像是醫師儘管有精湛的醫術，但是卻以賺錢爲主，不管病人痛苦或死活，當然不會被認同爲「好醫師」，諮商師也是如此！

要成爲有專業、有社會責任的諮商師，先要有願意服務人群、貢獻自己的心，然後進一步接受系統、嚴格的專業訓練，經過許多的臨床經驗，才慢慢成熟爲一位諮商師；技術層面的東西可以慢慢經由經驗累積成熟，但是若失去協助他人的「初心」，也只是一位「匠師」而已，不是一位諮商師！許多民眾或是尚未正式進入諮商訓練的學生常有這樣的誤解，但是當他們進一步學習之後，這樣的觀念就會有所修正。

我不諱言即便是諮商所的研究生，還是有少數只認爲「諮商」其實就是「技術」

層面的東西，忘了去思考許多問題的定義與處置策略，都有其理論基礎，更重要的是：只會使用技術，卻沒有用心，常常會誤用技術！我們也發現：許多沒有哲學基礎或是學派取向的諮商師，常常在與當事人面談幾次之後，就不知道諮商的方向。這也就是「技師」與「諮商師」之間的區別！

49 諮商師的性別很重要嗎？什麼時候要考慮諮商師的性別？

許多學生在未接觸諮商之前，甚至誤認諮商師都是「女性」，或許諮商師這個角色會被期待有女性特質一般、會照顧與關愛人，只是諮商師是沒有性別限制的，即便是女性主義治療師在最初是限定女性才有資格（是社會文化現況的考量），但是現在的多元文化，男女性其實也都是社會文化下的犧牲者，因此也就不限制女性可以擔任女性主義治療師了！

只是在一般諮商現場，也常常反映了社會的現況，像是目前社會氛圍還是以男性為主、父權至上的思考，女性通常較為弱勢，倘若諮商師是男性、當事人是女性，而當事人是因為丈夫家暴而來求助，可能會讓當事人覺得不安全，或是認為諮商師是男性，不可能會同理當事人的處境，甚至在諮商現場會有「複製父權」（男性主導與掌權）的情況發生，這樣不是讓求助的當事人更為難嗎？而許多男性會認為去求助是弱者的行為，而如果諮商師又是女性，更彰顯自己的弱勢與「沒有男子氣概」（男人怎麼可以找女人幫忙？），因此可能很難讓當事人打開心房。

我們有時候在處理當事人問題時也會注意到性別的平衡。像是許多性受虐者是女性或孩童，而其加害者又是男性時，基本上最好安排女性治療師較爲妥當。像是經歷婚姻暴力、又想要復合的伴侶，同時參加伴侶團體時，最好安排男女各一的治療師，治療師同時可以擔任最佳的示範，讓當事人可以觀察與學習良好的異性互動模式與技巧，也可以讓當事人知道暴力不是正確解決問題的方式。

50 一般的貿易或機構也需要諮商師嗎？

現在對諮商師有需求的不只是在社區或學校，而是遍及其他工商企業機構。像是之前企業家郭台銘在大陸的工廠連續有員工自殺，後來他就聘請了許多諮商師入駐、展開協助就是一例，台北捷運公司也有諮商師編制，其他較大型企業也慢慢有這樣的觀念，提供員工更好的服務，可以增加生產力以及對公司的向心力。軍中、警政單位與法院，也都有諮商師或心理師的編制，只是要求規準或有不同，還是要看負責單位重視與否。

諮商面對的是一般大眾，解決的是日常生活的困擾，機構或是企業裡的員工也是一般民眾，可能因爲個人、家庭或是工作的壓力，有時不可能全面兼顧，因此也產生了心理或是情緒上的困擾，甚至造成工作或生活功能的障礙，因此若是能安排諮商師駐點，或是有諮商師的編制，而諮商師不僅有諮商專業，也對企業文化有所了解，可以較爲公允地平衡雇主與受僱人員的需求。

雇主們當然也希望自己的員工可以更有生產力與創造力，因此不是注意公司的績效而已，也要顧及生產主力的員工，唯有健康、有能的員工，才可以為機構效力最多，要不然員工可能也會轉換跑道或是效命其他機構，對機構或雇主而言可不是好消息；反過來說，員工都希望自己在工作上有發展，可以得到上司賞識與重用，與同事相處和諧，也彼此支持，員工福利與家庭受到照顧（如設置托兒所、可以帶孩子來上班等），以及身心各方面都健康愉快，那麼對公司的向心力就增加，更願意好好盡責，為公司貢獻、出力更多。現代企業家經營的方式已經大幅改變，不像是以「出產」或是「獲利」為優先，當然也不像以前那樣壓榨勞力，也努力要留住與延攬人才，因此許多的配套措施都需要兼顧，未來員工諮商也是一大趨勢。

51 諮商師可以同時跟當事人、以及與當事人有關係的人做諮商嗎？

原則上我不會做這樣的建議，最好是分開由不同諮商師負責，因爲諮商師有時候可能也不清楚某些資訊是從當事人那裡或是相關他人那裡取得，可能就做了不適當的透露，這樣會傷及治療關係與結果。例如：一對夫妻中的妻子先接受諮商治療，後來說服丈夫一起來做伴侶諮商，而諮商師不小心透露丈夫曾有家暴行爲，丈夫就很不滿意妻子所說的這項訊息，認爲自己的顏面受損，也自然認爲諮商師會站在妻子那一方，這樣的治療對其不利，就更容易退出治療。

通常諮商師也不會同時做個人諮商師與團體諮商師，擔心的也是與當事人的界限不清楚，容易將個別諮商時的資訊與團體諮商時的資訊混淆在一起；然而有時候諮商師也可以在做過個人諮商之後，繼續擔任當事人的團體諮商領導，只要諮商師注意到可能的界限與保密倫理問題就可以。像是受虐的家暴婦女在接受個諮之後，諮商師也會建議她去參加都是家暴受害者的團體，大家可以分享經驗、成功策略，也彼此互助，建立支持系統，這樣的處理會讓當事人也找到諮商師以外的支持系統與協助。

52 諮商師可以同時為當事人做個人諮商與團體諮商嗎？

如之前所述，諮商師本身要非常清楚同時擔任個人與團體諮商師的一些倫理議題，特別是保密的問題。此外，有些當事人可能因爲與諮商師較熟悉，會談及一些只有彼此才知道的訊息，這樣可能讓其他團體成員覺得自己被排擠，或是與諮商師關係不夠好，可能會破壞治療關係與成效。

如果可以，最好是不要同時擔任個別與團體諮商師，比較不會讓關係複雜化或有一些意料不到的問題需要處理。

53 當事人可能受到諮商師的二度傷害嗎？

當事人若是因爲諮商師沒有經驗，或處置不當，也可能受到二度傷害。

諮商界一般認爲，對於受暴或是性侵受害婦女，若其加害者爲男性，最好不要讓男性諮商師擔任治療工作，因爲容易「重啓」受創經驗，造成二度傷害。女性主義治療師甚至認爲：目前我們的社會還是「父權」當家，女性受到不公平對待，如果治療師還是男性，等於就是將社會的模式「重新複製」在諮商現場，當事人也容易二度受害，因此極力反對！

諮商師的第一倫理守則就是「不傷害」，因此基本上不會違反這個重要原則！只不過，有時候讓當事人重新經驗舊有的創傷（基本上是以回憶或是想像方式進行），是療癒過程之必須，像是性侵受害者在治療進入後面階段時，諮商師可能會讓當事人「重新經歷」以前創傷場景，但是在此之前，諮商師已經做好許多的準備工作，也讓當事人在心態與情緒上準備妥當了，才可以進行這樣的動作，因此當事人不必擔心。而在過程中當事人只要有任何不舒服或不適，都可以及時提出，諮商師會隨時終止，目的就是要讓傷害減少到最小。

54 不少廣播人也做類似諮商的工作（解答聽眾的困擾或疑惑），與諮商師有何不同？

許多廣播人也擔任類似給意見的角色，他們因為廣播而讓一些聽眾信任，所以有時候也會給聽眾建議或是意見。廣播人有其影響力，他們會憑藉著自己的生活經驗來為聽眾做解答，但是畢竟不是專業助人者，所以給的意見有無效果，也不得而知。廣播人也許也因此不需要負責，可是諮商師不是，諮商師若是也以廣播為媒介，擔任諮商工作，就需要受到更嚴厲的專業檢驗，萬一亂投藥或是胡亂給建議，甚至因此讓當事人受到傷害，都需要負起專業或法律的責任。在美國有不少心理學家或是諮商師以廣播方式接聽潛在當事人的電話，為當事人解惑，也提供具體意見，可能因為美國幅員廣大，許多地區無法讓民眾可以輕易獲得諮商資源，這樣的方式或可彌補資源不到位的缺點，甚至可以同時解答許多人的困惑，但是目前也無法可管，國內情形也類似。

55 當事人參加研究會有什麼危險？

許多的諮商師除了臨床工作之外，還會做一些研究或計畫，可能會邀請當事人參與研究，有時候只是塡寫問卷，有時候可能會做臨床實務的諮商或是訪談，我國目前已經有人體實驗審查制度出現，因爲涉及「人」的實驗，因此要格外謹愼小心。

當事人在參與之初，都應該獲得研究者最詳細的資訊與說明，有任何疑問都可以提出，甚至隨時可以退出研究，要注意所簽的合約裡是否規定清楚？如果參與者是有過創傷經驗者，研究可能會勾起舊傷，研究者也應該事前留意、預警，同時提供修復服務或是轉介當事人去做治療。

56 我的學校老師同時也是諮商師，我會擔心他／她是否能保守秘密？

這個問題很好！也就是反映了我之前提到諮商師要注意雙重或多重關係，因爲容易角色混淆，可能失去當事人的信賴，進而影響諮商效果。如果學校輔導老師擔任輔導專任工作、不用上課，也許較可以拿捏尺寸，但是一般人還是會認爲「老師就是老師」，老師還是會偏袒老師，或是以學校角度出發，因此不會站在當事人（學生）的立場考量。有專業倫理操守的輔導老師會特別注意角色混淆的問題，也會清楚劃清界限，學生或當事人不必太擔心。不過，像是較不專業的輔導老師可就會在無意中洩露當事人的資訊或是晤談內容，讓學生成爲眾矢之的，甚至對所有教師都失去信心。如果學生眞的有這樣的擔心，不妨去找校外的諮商師較妥當。

57 我的孩子唸國小／中，輔導老師叫他／她去參加一個「社交技巧」團體，我不想讓他／她去！

許多不同層級的教育單位會讓同學去參加團體，這些團體基本上是針對不同需求學生而設置（像是人際關係欠佳、有暴力傾向、家庭變動沒有受到關注等），其主要目的是希望藉由補救措施，協助學生可以對學校生活更能適應，或是預防以後更多的問題產生，類似補救教學的策略。有些團體甚至會邀請在這些方面較有人氣、人脈較廣、或是較能寬容他人的優秀及受歡迎的學生加入，以為其他學生學習的楷模或典範，但是一般家長通常不喜歡自己的孩子因此「被標籤」、「被歧視」，但是即使孩子不參與這些團體，其所受到的待遇也不會更好。雖然有些老師很喜歡把自己不喜歡的學生轉介到團體中，然而畢竟還是少數，這也牽涉到家長是否有「病識感」（或是覺得自己的孩子的確需要關注）的問題。通常學校老師若能與家長說明清楚，以及孩子可以獲益的為何？一般家長還是會樂見其成，因為了解學校是為了孩子好，而非與孩子為敵。

58 我聽孩子說才知道老師叫她去見諮商師，真是太過分了，我的孩子又沒有問題，她很正常啊！

這也是一般人對於諮商的誤解，以爲去諮商的人都是「有問題」或是「不正常」的人！事實上，諮商可以在問題未擴大或是更嚴重之前做一些處理。也許妳孩子的老師認爲孩子若是可以找個專業人員去談談，可以說出一些自己的困擾或擔心的事，或是可以讓她在學校的學習更有效率，這不是更好的事嗎？而進入諮商室不是「不正常」，一般人進入諮商室、與諮商師接觸過後，通常會改變對諮商的誤解或迷思，而且會願意繼續使用諮商服務，小朋友也是，有時候與學校若干成人建立良好關係，不僅讓他們有歸屬感，學校生活也更愜意！由此可見，學校的輔導與諮商工作其實是受到「污名化」最嚴重的場所。

例如：有些孩子父母親正在進行離異階段，自己的情緒都無法顧及，更遑論注意到孩子，孩子的心理不安全、害怕自己被遺棄、對未來感到焦慮，甚至有無力感，卻又找不到人商量或協助，可能會開始在行爲或是課業上出現問題，而這些父母親可能不會注意到，或是孩子不會在家裡表現出來，而當班級導師或是其他師長發現這樣的情況，也會做一些適當的處理，請諮商師協助也是其一。家長最好親自問老師，了解整個事件的始末與脈絡，也去體諒老師們的苦心安排，進一步看能否提供合作與協助，因爲我們所有人所做的，都是爲孩子好。

老師轉介的當事人叫做「非自願」當事人，基本上也受到諮商污名化的影響，不願意合作、不認爲自己有問題，也會常常挑戰諮商師，雖然諮商師在建立關係上會比較辛苦，但是這是諮商師的專業能力範圍，家長不必要擔心，我們也常常接到家長介紹孩子使用諮商的服務，因爲家長們很清楚諮商的性質與內涵，也對諮商專業有足夠的信任。「非自願」當事人也可以在與諮商師交會互動之後，慢慢轉變成「自願型」當事人——也就是知道自己有所不足，也願意爲改變做努力！

59 懷疑自己的性取向需要去見諮商師嗎？

通常性取向的少數族群是因爲社會文化壓力造成他／她心理與生活上的許多問題或困擾，也因爲社會目前的氛圍與禁忌，常常不能夠讓自己在乎的重要他人（如家人與好友）更了解自己，因此常常處於孤立的情境，所以會去找諮商師，但通常是因爲其他的相關議題，而非性傾向的問題，比如說是孤單、害怕被家人拋棄、擔心自己不正常等。如果你／妳對於自我認同相關的議題有興趣或是困擾，當然可以找諮商師協助，諮商師基本上會以接納、尊重的態度對待，如果你／妳在諮商過程中感覺到不舒服或是被歧視，可以在諮商之前或是治療進行中，隨時反映給該機構知道，可以做適度的調整，不要因爲有些諮商師的價値觀或是不成熟，讓你／妳自己受到傷害。

我曾經遇過一位青少年，他認爲自己是同志，受到家人的暴力與歧視，但是當我告訴他，他並不是同志，而是有男兒身女兒心的男性時，他才恍然爲什麼只有自己想要變性。許多人不是因爲自己的性取向去求助，而是因爲性取向所引發的許多不適應而尋求諮商師協助，像是被同儕排擠、長期不快樂、擔心家人發現自己的情況而與自己斷絕關係等，願意去求助就是很勇敢，也願意解決問題的先機，不要害怕！大部分的諮商師沒有對特殊族群或是性傾向有偏見，甚至有人說，最沒有歧視的行業中就有諮商師在列，因此不必要擔心。

60 有同志或雙性戀的諮商師嗎？

應該有，只是諮商師也像一般少數族群的人一樣，怕被污名化或受到不平待遇，因此不會大喇喇公布自己的性傾向。也許你／妳認爲找個與自己一樣的諮商師會比較安全，至少較能夠理解你／妳的情況，這當然無可厚非，就像是有過家暴經驗的人會想找有類似經驗的諮商師一樣，然而這也可能有一點危險：諮商師若是太過認同當事人，有時候還不一定能夠提供更客觀、適合的意見。如果你／妳有自我認同（包括性認同）的困擾，可以找了解此議題的諮商師協助，許多諮商師即便是異性戀者，也非常尊重當事人，不會有歧視或偏見，你／妳可以放心，倘若你／妳認爲諮商師不夠專業，也還可以有其他的選擇。

61 我的朋友曾經企圖自殺過，可以去見諮商師嗎？

曾經企圖自殺的人，極大部分同時有情緒上的困擾，因此將結束生命做爲最後的一搏，他們要結束的其實不是生命，而是承受不了的痛苦，我們國人在這方面的認知不足，常常枉送了性命。像是之前有竹科工程師企圖跳樓未遂，在強制住院治療之後，家人認爲其情況穩定了，結果一出院就自殺成功！許多人不明白爲什麼？很簡單，因爲這位工程師曾經企圖自殺過，後來因爲憂鬱症，體力耗損很多，沒有力氣去執行，但是現在住院之後，體力恢復了，而根本的問題仍然存在，就容易將未完成的行動執行完畢。

最近有一位法官判一位企圖跳軌自殺者緩刑，做社區服務，其實最好的方式是請專家先爲其做情緒或自殺評估，若是發現當事人仍有危險，應該強制當事人見身心科醫師，同時做心理治療或諮商，把眞正困擾的問題解決後，才不會再有危險。

你/妳的朋友有過自殺歷史，因此是高危險群，不要認爲他/她要自殺是希望引起注意而已，這樣就容易輕忽、而造成很大的悔恨，因此建議他/她去見諮商師，讓他/她有機會把眞正的問題解決，而諮商師或許也會同時要他/她去見精神科醫師，看有無必要藉由藥物穩定情況。

62 想要自殺的人，危險期一過就不會再想自殺了嗎？身為家人應該怎麼做？

許多情緒困擾的人是非常痛苦的，沒有置身其中的人不清楚那種破表的痛苦指數！想要自殺的人是以死亡爲最後的解決之道，但是他們沒有想到死亡只可能解脫他們的痛苦，但是問題還在，甚至會拖累存活下來的人。如果因爲許多問題或困擾不能解決，而採取自殺手段的人，自殺未成、問題又還存在，其再度自殺的可能性依然存在，因此不可輕忽！除非將困擾他/她的問題做適度的解決，要不然危險性還是存在。

許多罹患有憂鬱症的人，常常會覺得周遭的人不了解他/她的情況，事實也是如此！憂鬱症的人的辛苦與痛苦，沒有經歷過的人不能了解，而且容易將情況淡化，這讓憂鬱症的人更難被了解，也更覺孤立，因此請不要對情緒不佳的人說：「看開點就好了！」

憂鬱症的人有許多的問題癥結未解，所以影響其情緒與生活功能，即使經過醫生診治，情緒似乎好轉，也比較有精神了，然而若其之前曾有過自殺企圖，千萬要小心！因爲這一回他/她有體力與能力去執行完成他/她的自殺計畫了！憂鬱症患者即使已經漸入佳境，但是漸入佳境之後有一段「危險期」，特別是有過自殺企圖的人，最好還是注意其行爲，不要讓當事人有危險舉動發生！身爲家人的你/妳，陪他/她去見諮商師最好，如果他/她還是有自殺意圖，最好強迫他/她住院，同時接受諮商或心理治療。

63 我很想去見諮商師，但是我是單親媽媽，經濟情況本來就不佳，可是我的確需要有人聽我說話，讓我知道自己繼續這樣努力會有好結果嗎？

我國目前有許多的社福或是私人機構提供類似處境的人這些協助，妳可以詢問附近的村里長，或是打電話詢問當地的社福機構，他們應該會提供諮商或類似的免費服務，提供補助，甚至有一些合作的諮商師可以收費較少，因此請妳不要擔心或害怕，要多開口、去蒐集資訊，就可以獲得不錯的結果。

64 我的伴侶最近與我分手了，我覺得很傷心難過，可以找諮商師談嗎？

當然可以！諮商師也處理許多失落與創傷的議題，親人死亡、離婚、分手都是失落經驗，當然可以找諮商師協助處理。

許多的分手很醜惡，甚至會讓對方有生理與心理的傷害，有些即便是自己開口、主動提分手，但是因爲用情很深，還是需要處理退出關係後的善後工作，有些人在分手之後，急忙找另一個人來替代，卻也發現對舊情不能遺忘，或是老有比較的心態。被動分手的人，常常在情緒上需要調解，也有許多的問題沒有得到解答，但是因爲一般人會同情弱者，因此被動分手者會站在道德的優勢這一邊，而主動提分手的人往往是在道德上的弱勢，大家或社會對他/她的質疑會較多。分手之後要如何處理自己的情緒？要如何面對下一段的關係？這些也都可以與諮商師商議，失落經驗通常可以經由時間慢慢療癒，但是有時候卻不一定會順利痊癒或復原，可能還需要經過一段哀悼、療傷過程，此時有專業助人者陪伴、了解、解答一些疑問，可以讓復原更迅速。

許多人是因爲天災或是人禍而受到傷害或死亡，除了第一線的生活需求要滿足之外，存活者也都需要去調適自己目前的生活以及與死亡者的關係，此時，諮商師的功能就可以發揮。

65 有問題找朋友或家人商量，跟找諮商師有何不同？

家人或是朋友與自己有關係，所以有時候只能提供自己的意見與建議，也許不是很了解你/妳所感受、思考的面向，或是對你/妳有期待，而且通常我們礙於「關係」，所站的立場就較不客觀，容易受到關係與情境的影響。諮商師是受過專業訓練的人，可以跳脫出「關係」的影響，從更客觀的角度去看同樣的問題，可以更同理你/妳的心境，或許給的意見就會不一樣；此外，我們有時候不太會採用家人的意見或做法，因爲會去考量其背後的用意或目的，有時候讓當事人覺得有壓力（像是該不該遵循家人的意見？），但是諮商師擺脫了這樣的障礙，不需要受到這些羈絆，所以會從當事人的最佳福祉去考量，而當事人也因此比較願意與諮商師合作，治療效果也預期會更好。

66 對一個陌生的諮商師揭露過多，會不會有危險？

許多人在面對家人或是親密的人時，爲了維持形象，或是不讓對方擔憂，反而無法說出眞正的問題或困擾，因此諮商師提供給民眾一個很好的管道，讓這些自己擔心的問題可以浮上檯面，眞正獲得注意與解決。諮商師有專業倫理要遵守，包括保密，萬一諮商師違反相關倫理原則，當事人都可以向相關單位檢舉報告，加上諮商師不是朋友或家人，因此讓當事人少了一層不必要的擔心，而且因爲諮商師的工作與職責所在，當事人不必去擔心自己脆弱或是不堪的部分會被曝露或嘲諷，也不需要去擔心自己會受傷的危險。有時候家人與朋友的建議較情緒化，或是讓當事人有壓力，因此找第三者的專業人員可以有較客觀的看法。諮商師存在的目的就是要爲當事人分愁解憂，協助當事人去看清楚自己或是問題困擾的諸多面向，以及可能紓緩情緒壓力或解決問題的方法，當事人揭露得愈多，愈表示當事人相信諮商師的專業，也可以讓諮商師獲得更完整的資訊，可以更具體提供協助給當事人。

67 我已經吃藥、看醫生了，還需要看諮商師嗎？

許多有心理疾病的患者，除了遵照醫囑按時看診與服藥之外，可以藉由諮商師或心理師的協助獲得心理上的支持，同時有人可以傾聽、陪伴，偶而還可以進行策略性的介入處理，許多的心理疾病在藥物與諮商同步進行下，比單獨的藥物治療更爲有效；有些同樣是心理疾病患者或是有相同困擾的人固定聚在一起，藉由諮商師的領導與協助，彼此可以互相支持、願意去做一些改變，並且將在團體中所學的運用到日常生活中，可以更融入社會，過正常生活。像是憂鬱症患者，除了按時看診、服藥，也按時與類似困擾的成員相聚，其復原或進步情況就更佳！覺得親職角色失能的家長聚在一起，彼此互相支持鼓勵，不僅可以彼此交換管教策略與心得，也可以在諮商師的引領下，進行新的實驗與管教方式，若是策略有效，參與的成員也會繼續使用或模仿，若是策略無效，也可以進一步探討可以改進的方式。

68 我的孩子在學校做測驗，回來報告說他比較適合社會科學，因此告訴我，他不想讀醫科，我該怎麼辦？

許多中等以上學校，會針對學生未來生涯做一些測驗（如興趣、性向等），主要是想了解學生，輔導其往自己有興趣與能力的方向努力，有些測驗經過「標準化」程序，有其可信度，這些也都是很好的參考資料，作為學生選組或是選擇科系的重要參考，但還是有少數學生不一定要依照這些建議做生涯選擇。

孩子的生涯選擇與決定，父母親還是占了很重要的位置，有些父母親很早就為孩子安排出路，卻極少考慮到孩子喜歡與有能力的部分，我們在大學裡常常碰到這些兩難的學生——想要符合父母親的期待，但同時又想要追求自己要的——結果都無法達成，許多都自暴自棄，根本就不努力，徒然浪費時間，有些則是勉強完成家長的期望，卻非常不快樂。父母親的擔心（怕孩子選擇錯誤、沒法找到好工作），孩子都知道，只是人生是孩子的，父母親也要懂得何時收手與放手，收手是保護與教養孩子，放手是讓孩子去追求自己想要的生活，因此不要將孩子當成「延續」自己理想或是「補償」自己未完成夢想的替身。

如果孩子告訴你／妳上述的問題，好好坐下來與他／她談一談：是不是他／她不想要從醫？他／她眞正喜歡的是什麼？也可以去找學校老師或輔導老師多了解一下測驗的意義、目的與結果解釋，那麼你／妳就會更理解孩子，也更知道如何協助你／妳的孩子，孩子會與你／妳更親近，也更感謝你／妳。

69 我聽說諮商還分許多派別，哪一種最有效？

諮商與其他專業一樣，也發展出對問題不同看法，因此也有不同的治療方向，因此有許多學派或取向，基本上一般的諮商師都會了解所有學派的主要觀念與其異同，但是也因爲諮商師自身個性與經驗會影響其對於學派的選擇與精通，所以還是會有一些不同。幾乎所有的諮商取向都需要經過實務與研究的驗證，才可以確定其效果或是對某些議題較爲有效，但是也因爲每個學派只能解釋若干的問題面向，因此沒有一個學派是可以適用於所有的問題！許多目前你/妳聽到較爲有效的學派，通常是做過較多研究，因此證據較爲充分的，其他有些學派還是有人會相信，主要還是靠當事人自身的體驗來印證。當事人若只見過一位諮商師，發現效果不如預期，也不要輕易放棄，不妨嘗試不一樣的學派或諮商師，也許效果就迥異。

70 諮商師只在諮商室工作嗎？

諮商師在諮商室工作，是因爲固定的場所會讓當事人有安全的感受，而固定的會面也同樣讓當事人覺得很安穩。但是諮商師並不一定只限於在諮商室工作，她/他也可以到需要他/她的地方，也許是學校、醫院、庇護所、機構或是家庭，像是有些行動不便、有障礙、或是老人家，無法離開居住處或是較不方便，也都可以由諮商師到府去做服務，如同以前的醫師出診一樣。

許多諮商師不僅擔任臨床治療工作，還需要做衛生教育推廣（像是性別教育、生命教育、自殺防範與親職教育等），因此其活動範圍可以擴及到不同社區。

71 怎樣找到一位好的諮商師？

每位諮商師的訓練課程、背景、專長、生活經驗、個性、諮商型態與取向及自我要求不同，因此無法就證書或是畢業學校來論斷諮商師的好壞。

想要找到一位「適合」自己的諮商師很重要，在進入諮商服務之先，也許先探聽一下這個機構的服務如何？裡面諮商師的資格如何？或者是經由以前在此做過諮商的人士那裡來了解；此外，當事人在當初求助時要求的諮商師條件，最好吻合自己所要談的主訴問題（如家庭、親密關係、生涯、自我議題等），接著進入諮商過程之後，也仍然可以決定是否就與這位諮商師繼續工作下去。

諮商過程中，當事人可以多方體認到諮商師的個性或治療風格，因此可以進一步去省思：諮商師跟我在個性上合不合？諮商師的作法是不是我可以接受？諮商師所進行的策略是不是讓我放心與信任？也唯有當事人最清楚諮商的「效果」。

還有一個最重要的因素是：諮商師是否可以達成當事人的期待？有些當事人是要諮商師替他／她「解決」問題，或者是見了諮商師之後，他／她就會好，這些期待是不切實際的，而諮商師也無法獨力辦到，當事人可能就會認爲是諮商師無能或是諮商無效，這就需要當事人更清楚去了解諮商的功能、當事人應負的責任之後，再來尋求諮商協助會更好！

72 我見的這位諮商師好像不是很懂我的問題，也不是很有經驗，我想要換個諮商師，但是又要我把故事重新講一遍，很麻煩！

找到適合、可以跟自己一起工作的諮商師，是當事人的權益與責任，不要怕麻煩，也不要怕提出請求。如果是你/妳自己花錢，你/妳又很在乎治療效果，你/妳就不會怕麻煩；反之，如果你/妳是非自願當事人，或者不是自費做諮商，也可以視情況來更換諮商師。有時候該機構沒有適當、或是符合你/妳要求的諮商師，你/妳可以詢問附近地區有沒有更適當的諮商師可以協助你/妳，如果都沒有其他資源，可能就要先安於現狀，與目前的諮商師好好合作。

73 聽說有些諮商師要學會「照顧自己」，是不是諮商師也有自己無法解決的問題？

基本上諮商師是以「自己」作為治療工具，因此維持健康的自我很重要，才能進一步有效地去協助當事人。當然，諮商師雖學有專長，但因為也是人類社會的一員，遭遇許多存在的議題，所以諮商師也會有生活遇到瓶頸的時候，此時他/她也可以去找諮商師或是督導協助。

也因為諮商師與所面對的當事人一樣，可能會有許多類似的困擾與問題，因此在諮商師訓練課程裡，幾乎都會要求諮商師需要做自我覺察與療癒的工作，以免在自己議題沒有處理適當、碰到有同樣議題的當事人時，未能有效協助當事人、甚至傷害到當事人。像是若諮商師正因為自己青春期的孩子逃家而煩惱，正好一位青少年當事人出現，談到他對自己父母親的厭煩，諮商師是不是很容易聯想到當事人與自己孩子一樣不知感恩？接下來諮商師可能較容易失去客觀性、流於主觀的情緒化，此時可能做了錯誤的處置，這不就傷害到當事人的福祉嗎？

諮商師自己的議題可能會一直存在，但是至少經過處理，比較不會無理性地竄出，不會在諮商現場妨礙其專業工作與判斷，因此諮商師的（對自己生活與專業）自我覺察與處理也是終其一生、持續在進行的。

74 我跟丈夫有溝通問題，但是他不願意來、說是我自己的問題，我去見諮商師有用嗎？

既然是妳來到諮商室，我們就來討論妳所關心的議題。妳認爲與丈夫之間有溝通的問題，是怎樣的情況？有時候許多問題都是一個巴掌拍不響，光是責怪一個人並不能解決問題，也不能逃避責任，雖然妳先生人不在現場，我們可以就妳可以做的改變下手，看看結果會如何？有時候只要關係的一方有所不同，對方的反應也會不一樣，藉此方式也可以影響對方，造成改變。像是常常妻子開始說話，丈夫就故意忽略，去看電視，讓想要溝通的妻子感到很挫折，也許諮商師會建議妻子以文字方式與丈夫溝通，或是先將電視關掉，讓彼此有可以安靜共處的時間，或許就是改變的第一步。

75 諮商師只是跟個案聊天並提供意見，不需要有什麼能力，只要具備善良的心就可以

諮商師其主要工作可能是以談話方式進行，但是諮商師還會其他的專業知能，可以用來協助當事人處理或是解決所關切的議題。諮商師不是與當事人聊天，而是其談話有其目的，諮商師也不是只提供當事人意見而已，也會與當事人一起定義問題、釐清問題眞正所在以及可能的影響因素，也協助當事人採用有效的方式去解決問題。

諮商師有助人的動機，基本上也是善良的人，但是由於有專業背景，諮商師助人不是具有良善心腸就可以，還需要有方法，而且方法要到位，才可能眞正協助紓解當事人之困阨與危機。

76 諮商師都很有愛心？

一般說來，諮商師之所以從事助人專業這一行，本身是具有許多正面的人格特質的，除了喜歡與人相處、願意與人分享，也比較願意協助他人，但是「有愛心」不是諮商師唯一的特質，而期待諮商師都能「有愛心」有時候也是不切實際的。「有愛心」的不只是諮商師，社會上有更多的人是如此，反之，期待諮商師「有愛心」一定要能解決你/妳的問題，或是同情你/妳的處境，甚至是達到你/妳的一些要求（譬如免費諮商、去見你/妳的家人、或是對你/妳伸出援手），有時候是不是「利用」了諮商師的「善意」，讓自己獲益？有許多諮商師儘管有愛心，也很願意付出，但是其心力也有限，不可能達成所有當事人的要求。

還有民眾認爲諮商師都是平易近人的，這又回歸到之前的問題，雖然諮商師是以助人爲目標，但是因爲每個人都不同，個性與喜愛的學派亦異，因此給人的印象與感受也會不同；有人會希望諮商師是嚴謹一點的、有人期待諮商師很慈祥或對人關愛，這也要當事人自己去感受與選擇。我曾經碰到一些當事人告訴我：「我的諮商師冷冷的，妳不同。」或者是：「我以爲妳是一個很理性的諮商師，但是現在發現不是這樣而已。」因此諮商師所展現的也是他/她眞實的自我時，當事人也比較容易信任，不是嗎？別忘了諮商師主要是以「自己」爲治療工具，其他的專業理論與技術是其次。

77 我認為諮商是萬能的，只要說出來就能得到救贖

諮商師不是萬能，也不是在當事人說出自己困擾的問題之後就可以自動痊癒，雖然有些當事人在說出自己的問題、情緒得到發洩後，感覺都會好一些，畢竟困擾的問題還是需要有方法與付諸行動才可能解決。

有些當事人可能因為在生活中都沒能找到一位眞正願意傾聽他/她的人，而諮商師基本上是非常好的傾聽者，也願意將舞台讓出給當事人，因此許多當事人也第一次嘗試到「被聆聽」、「被了解」與「被認可」的經驗，自然感受非常良好，接著也會比較有動機與心力去做必要的改變。曾經也有當事人這樣問我，我於是告訴他：「我是還沒有修行『念力』，如果可以得到這個功力，到時候我再告訴你。」當事人也理解地笑了，因為他知道眞正改變、可以行動的主角是他自己。

78 諮商師會提供很多意見給當事人，告訴當事人該怎麼做

提供意見給當事人只是諮商師會使用的策略之一，少數諮商師急著給當事人建議，但是有更多的諮商師在沒有確定當事人的問題爲何，或是當事人想要改變之前，是不會輕易給建議的，這與一般我們的父母、師長做法不同，想想看有時候長輩給的建議，即使用意良善，我們也不一定遵守，所以諮商師也不會在沒弄清楚問題或是癥結所在之前，或是在當事人沒有改變的動機或承諾之前，輕率給建議，因爲他們知道建議可能是徒然、沒有效果的。但是有時候當事人想要有所改變，卻礙於沒有頭緒或是管道，諮商師可能會視情況給予適當的提議或是選擇。

79 可能有哪些團體我可以參加？我是擔心只有自己有問題

一般的心理衛生機構或是諮商中心會提供一些主題式的團體，像是女性自我成長、親子關係、親密關係、生涯轉換、離婚調適等，讓有興趣的人參與，以團體方式進行的諮商收費較低，而參與者有共同的關切與議題可以一起分享討論，感覺較不孤單，團員中有些人也許遭遇了類似的困擾，獲得解決了，也可以提供其成功經驗，倘若還有人在掙扎中，大家在一起也比較有伴，可以協力撐過去，而沒有類似經驗的人也可以先學習，知道萬一遭遇了該如何處理，都可以「賺到」或「學到」，不是很棒的事嗎？

不過，因爲團體張力較大，可能引發較多的情緒，建議潛在當事人最好先去做過個別諮商之後，再來參與團體諮商。許多當事人在不清楚團體諮商的動力情況與力量下，就參加了團體運作，很容易觸及自己未解決的議題，而引發情緒大失控，不僅無法獲得團體治療的效益，反而延宕了團體的進行、損害了其他團員的權益，自己也受傷。

此外，有些機構可能基於經費之考量，一下子招收太多成員在一個團體中，這也不是很好的安排，一則是無法兼顧到所有成員，有些成員不免被忽略，二則是有些成員可能會使用到太多的時間，讓其他成員無法善用團體，三則是因爲成員人數過多，團體動力會受到嚴重影響，團體凝聚不易！因此，在正式參與團體之前，爲了你/妳自身的福祉，最好確認一下這些情況。

80 我們這些姐妹淘一起參加團體如何？

倘若是相識的一群人去參加團體，固然可以讓彼此關係更親密，或者彼此更可以互相支持，只是也有一些因素需要先做考慮：（一）熟識的人一起參加，可能就因此在團體中形成一個「小團體」，這些「小團體」所分享的訊息就不是其他成員都知道的，對於整個大團體的凝聚力會有干擾或負面影響，也不是領導所願意看到的情況；（二）熟識的人彼此之間可能已經有些默契，會交換一些彼此都知道或了解的訊息，無形之中就將其他團體成員排除在外，其他成員的感受也受到影響；（三）如果一群人彼此熟識，但是又不是非常知己，萬一團體要談及更私密的話題，而這些內容受到團體規約影響，不能外洩，但是誰又可以保證熟識的人不會因此洩漏給團體外的人？這樣子就會影響團體成員彼此的信賴度，甚至無法繼續進行下去。

參考書目

張春興（*1989*）。張氏心理學辭典。台北：東華。

Srebalus, D. J. & Brown, D. （*2006*）. *A guide to the helping professions.* 王智弘、林意苹、張匀銘、蘇盈儀（譯）。輔導與諮商原理：助人專業的入門指南。台北：學富。

Baruth, L. G. & Robinson, E. H. III （*1987*）. *An introduction to the counseling profession.* Englewood Cliffs, NJ: Prentice-Hall.

Smith, H. B. （2001）. Professional identity for counselors. In D. C. Locke, J. E. Myers, & E. L. Herr （Eds.）, *Handbook of counseling* （pp.569-579）. Thousand Oaks, CA: Sage.

Sweeney, T. J. （*2001*）. Counseling: Historical origins and philosophical roots. In D. C. Locke, J. E. Myers, & E. L. Herr （Eds.）, *Handbook of counseling* （pp.*3-16*）. Thousand Oaks, CA: Sage.

Yalom, I. D. （*1995*）. Theory and practice of group psychotherapy 4th ed.）.N. Y. : Basic-Books.

國家圖書館出版品預行編目資料

認識心理諮商的第一本書：諮商80問／
邱珍琬著. -- 初版. -- 臺北市：書
泉,2012.11
　面；　公分
ISBN 978-986-121-790-1（平裝）
1.心理諮商　2.心理治療　3.問題集
178.4022　　　　　101018463

3BC8

認識心理諮商的第一本書：諮商80問

作　　者 — 邱珍琬（149.29）
發 行 人 — 楊榮川
總 編 輯 — 王翠華
主　　編 — 陳念祖
責任編輯 — 李敏華
封面設計 — 郭佳慈
出 版 者 — 書泉出版社
地　　址：106台北市大安區和平東路二段339號4樓
電　　話：(02)2705-5066　　傳　真：(02)2706-6100
網　　址：http://www.wunan.com.tw
電子郵件：shuchuan@shuchuan.com.tw
劃撥帳號：01303853
戶　　名：書泉出版社

總 經 銷：朝日文化事業有限公司
電　　話：(02)2249-7714　傳　　真：(02)2249-8715
地　　址：235新北市中和區橋安街15巷1號7樓

法律顧問　元貞聯合法律事務所　張澤平律師

出版日期　2012年11月初版一刷
定　　價　新臺幣250元